La teoría de los afectos y la noción de *script* de Silvan Tomkins

Juan Rivano

ISBN-13: 978-1500381974

CreateSpace, Amazon Company

Edición de María Francisca Cornejo y Emilio Rivano

Arte de la portada: Adriaen von Ostaden, *El Maestro
de Escuela* (1662). Dominio Público.

Ediciones Satori

edicionessatori@gmail.com

Nota de los editores:

La primera parte de este libro (Capítulos 1-4) reproduce un ensayo de Juan Rivano sobre las ideas de Silvan Tomkins. Por tratar sobre lo mismo desde otros ángulos y bajo otras luces, y por su valor didáctico, forma la segunda parte de esta edición una carta del autor. Es frecuente encontrar en la correspondencia del filósofo con sus discípulos, amigos y otras relaciones, reseñas de obras y autores, comentarios y, a veces, verdaderos ensayos sobre tópicos de su interés. Es el caso de la carta que incluimos.

Contenidos

I

Silvan Tomkins nos habla de los imperialismos en la psicología americana y en la ciencia americana en general. Y hasta cabe mejor hablar de imperio que de imperialismo. En mis tiempos de estudiante universitario, por lo que me enseñó mi profesor de psicología avanzada, el imperio estaba en poder de los freudianos. Pero no salía de mis estudios de postgrado cuando ya se hacían sentir los conductistas. Ahora, dominan los cognitivistas, hasta donde sé.

No hay nada de pintoresco en hablar de imperio americano en nuestros días. Más todavía, desaparecido el imperio soviético. Su armada, bases militares y estaciones nucleares a lo redondo del mundo y por décadas de décadas, lo hacen el último y más formidable de los imperios. ¿Hasta cuándo? No hay horizonte a la vista. Se suceden sus emperadores dejando tras sí su *"legacy"*: su política asiática, su política europea, latinoamericana. Y tal como sus ancestros – los grandes emperadores de otros tiempos nos dejaron sus foros, sus mausoleos, sus coliseos, teatros, arcos de triunfo y fortalezas –, así nos dejan éstos sus bibliotecas, sus centros de investigación, sus galerías de arte.

Nada de extraño en que la cultura de un imperio sea imperial. Así y todo, cuando el poder se despliega y ejerce en estructuras políticas que cubren continentes, surge el problema del alcance: A mayor alcance, mayor costo y control más problemático. Los intersticios del poder se agrandan con el alcance; tanto se agrandan, que países enteros pueden vivir en ellos sin más relación en ocasiones que la que resulta de la monoproducción y el monocultivo — como el cobre, el petróleo, el buen café, las buenas bananas.

De los intersticios del poder quisiera un poco hablar, porque me parece que Tomkins tiene su parte de hombre de intersticios. Se puede decir que entra en la caracterización del poder imperial que sus intersticios no se perciban distintamente. Muchas veces, que no se perciban en absoluto. Basta escuchar a los políticos o leer a los intelectuales del mundo colonial o tercer mundo para darse en esto una perspectiva substancial. Uno puede pasar la vida hirviendo sus sonetos y aporcando sus lechugas sin idea de que si aventura dos pasos "más allá del horizonte do remonta la verdad" le vuelan la cabeza de un cañonazo. Pero, en fin.

Leo y me dicen que Silvan Tomkins no pertenece a la "*mainstream*" del imperio americano de la psicología. Por lo demás, basta leerlo, basta su estilo, bastan sus ilustraciones, su ostensible *background* literario para saber que no. Por no entrar en sus argumentos y su propia ideología.

Justamente y a punto: tiene Tomkins una teoría de las ideologías en cuyo desarrollo y verificación ha ocupado buena parte de su vida activa y que seguramente hará que sus colegas del imperio muevan la cabeza. Para empezar, las divide en ideologías de derecha e ideologías de izquierda y remonta el origen de esta dicotomía a los tiempos ancestrales del surgimiento de las guerras promovidas por la escasez y decididas por la previa división entre tribus cazadoras y tribus recolectoras. De esos orígenes data la división perenne entre amos y esclavos. Las tribus cazadoras se imponen sobre las recolectoras y las esclavizan con el objeto de explotarlas. Opera, además, en este desarrollo político, la división entre los sexos. Salidos del mundo de la abundancia (un mundo que Tomkins postula como otros postulan el paraíso perdido, la edad dorada o el comunismo primitivo) y entrados en el de la escasez, las tribus ancestrales experimentan la escisión de los sexos: el hombre con su fuerza mayor se impone sobre la mujer y la esclaviza. Salimos del paraíso de la bienaventuranza y entramos al infierno de la historia. Las mujeres (además de los esclavos, los niños, y de los ancianos no hablemos) con sus dioses terrestres están a la izquierda; los guerreros, vencedores y expropiadores, están a la derecha, como representantes en la tierra de los celestes dioses de la guerra, el rayo y el trueno.

La división entre divinidades terrenas y celestes aparece en Tomkins como un reflejo mitológico de la división de los afectos innatos e irreductibles. Según este autor, del lado femenino están: disfrute

4

(*enjoyment*), temor (*fear*), ansiedad (*distress*), vergüenza (*shame*). Del lado masculino: riesgo (*risk-taking*), hostilidad (*hostility*), disgusto (*disgust*), desprecio (*contempt*), ira (*anger*).

De modo más próximo y más plausible introduce Tomkins esta división de las ideologías recurriendo a la oposición entre las figuras históricas de Platón y Protágoras. Y considera que la oposición de estos dos pensadores representa una especie de vertebración de la entera historia de Occidente. Un giro infrecuente que sorprende primero y que requiere un desplazamiento de los criterios usuales para tratar el tema de las ideologías. No es el caso, por ejemplo, de Platón versus Aristóteles, como querrían los empiristas; de Platón versus Demócrito, como querrían los materialistas; de Platón versus Heráclito, como querrían los materialista-dialécticos. Tampoco estamos acostumbrados, por obra del mismo Platón, a la exaltación humanista de Protágoras, y menos a que se le sitúe con Platón en la polaridad cardinal del pensamiento occidental. Ordinariamente, recordamos esas enormes frases de Whitehead, de

Heidegger, para quienes nuestro mundo lo creó Platón y el resto es pura glosa. Ahora, Tomkins nos dice que es el resultado de una polaridad: Platón versus Protágoras. O, desde una perspectiva que sugiere el mismo Tomkins, el poder y los intersticios del poder.

O mejor, con palabras suyas, el humanismo de Protágoras contra el trascendentalismo de Platón:

> Examinemos brevemente algunos rasgos de lo que considero la polaridad ideológica básica en el pensamiento occidental. En los fundamentos de las leyes, las matemáticas, las ciencias, el arte, la educación del niño, quienes teorizan sobre estas materias se muestran polarizados sobre los mismos asuntos, polaridad que va desde la extrema izquierda, pasando por el centro, hasta la extrema derecha. La cuestión es simple: ¿Es el hombre la medida, el fin en sí, una fuerza activa, creativa, pensante, que ama y desea, o debe más bien realizarse, alcanzar su plena estatura, sólo

mediante el esfuerzo hacia, la conformidad con, la participación en, una norma, una medida, una esencia ideal, básicamente anterior a él e independiente de él? En la filosofía griega, esta es la polaridad entre Protágoras y Platón... Cuando el hombre ha pensado en el hombre, o se ha glorificado, o se ha rebajado; o se ha juzgado inherentemente bueno, o se ha juzgado inherentemente malo; o la fuente de todo valor, o sin valor ninguno. (Silvan S. Tomkins, *Exploring Affect*, p. 117)

Hay así tensión y oscilación polar en la historia de Occidente. Tanto en los pueblos, sociedades, culturas, como en la biografía misma de sus individuos. Tomkins solo otea horizontes en los primeros casos, pero en el caso de los individuos es muy minucioso y de gran ingenio. Construye un cuestionario, una *Polarity Scale*, formado por 57 ítems en cada uno de los cuales se oponen alternativas con vistas a detectar el tipo y grado de polarización de las personas encuestadas. Por ejemplo:

a) "Los seres humanos son básicamente buenos" versus "Los seres humanos son básicamente malos".

b) "Preocupa oír a un adulto llorar" versus "Molesta oír a un adulto llorar".

c) "La mente es como un espejo" versus "La mente es como una lámpara".

d) "Los que yerran deben ser perdonados" versus "Los que yerran deben ser corregidos"

e) "Los números fueron creados" versus "Los números fueron descubiertos".

f) "Los niños son una delicia" versus "Los niños deben ser vistos, no oídos".

g) "Actuar impulsivamente hace la vida más interesante" versus "Actuar impulsivamente es actuar puerilmente".

h) "Los padres, antes que nada, deben ser amables con los hijos" versus "Los padres, antes que nada, deben ser rigurosos con los hijos".

La verdad es que uno piensa de antemano que el resultado de una encuesta así no puede menos que mostrar la penetración por todos sus rincones de la dicotomía investigada — es decir, humanismo-normativismo — con una amplia gama de interpolaciones formada con innúmeras combinaciones de los postulados opuestos. Para una anticipación así, bastaría considerar la exposición del niño a la ideología socialista del padre y la ideología católica de la madre. O la exposición del niño, más adelante, a la ideología masónica del profesor de ciencias y a la ideología luterana del profesor de historia. O a la ideología laica de la escuela fiscal y la ideología religiosa de la escuela privada. O, dándose una perspectiva histórica, basta considerar la pugna entre religión y humanismo durante el Renacimiento; la entre ciencia y religión en la edad moderna; la entre burguesía y aristocracia en el siglo XVIII; la entre esclavistas y abolicionistas del siglo XIX; la entre burguesía y proletariado del XX. ¿Y qué decir de la familia? Basta la imagen del padre puño en alto y la madre acogiendo en su seno al pequeño para estarse pensando largo, largo. (A propósito, oigo en TV, una vez más de muchas, y sin creerlo todavía, que la última palabra de Stalin fue: "*Mamuchka!*").

Ya por los ejemplos puestos, se ve que en la "Escala de Polaridad" de Tomkins hay oposiciones mucho más significativas que otras. Si consideramos, con Sócrates, que los hombres son básicamente buenos, hemos dado un golpe desquiciante a las ideologías de derecha. Si consideramos, con Calvino, que los hombres son básicamente malos, ocurre lo contrario. Hasta podía barruntarse, como tan simple y tajante oposición sugiere, que rigurosamente no hay más que dos ideologías y que las demás no son más que ideologías de combinación, compromiso, mescolanza arbitraria de los polos opuestos. En un extremo, Sócrates; en el otro, Calvino.

Considérese la cuestión "¿Fueron los números inventados o descubiertos?" Lo común, por donde sé, es que el interrogado no sepa qué responder. Más común, que se quede mirándonos con recelo. No tan común, que responda sin vacilar en un sentido o en otro porque así se lo enseñó el profesor. Muy poco común, que responda sin vacilar porque su ideología así lo implica y con toda claridad. Si está con Platón, los números son descubiertos. Si con Protágoras, inventados.

El tercer caso es muy instructivo: Nos muestra que podemos estar con Platón sin saberlo. Sólo por lo que nos enseñó el profesor. La verdad es que por millones y millones, y en miles de respectos, en esta nuestra cultura occidental, estamos con Platón (o con Protágoras) sin saberlo y hasta sin que haya a la vista ningún profesor que nos haya enseñado.

Caso a punto: A mí, mi profesor me enseñó en preparatorias que la circunferencia "es una línea plana, curva y cerrada cuyos puntos equidistan de otro llamado centro". Nunca más lo olvidé y pienso que se debió a que mi profesor secundario me enseñó que la circunferencia "es el límite de un polígono regular cuyos lados aumentan indefinidamente". Con mi primer profesor, yo estaba viendo la circunferencia; con el segundo, no la veía, pero podía medirla. Si me preguntan más, no me pasaba por la cabeza que hubiera aquí dos ideologías contrapuestas. Como también las había cuando mi primer profesor me decía que la línea era la trayectoria de un punto mientras que el segundo me enseñaba que era un conjunto de puntos. Y recuerdo que enseñando geometría elemental vacilaba entre decirles a mis alumnos, sin más, que los triángulos formados por la diagonal del cuadrado eran iguales, o demostrárselo. Dos ideologías — la platónica de la intuición y la protagórica de la construcción — disputaban por la pedagogía de las Matemáticas.

Pero la oposición ideológica no se halla solamente en el terreno de estas ciencias:

> En los límites de avanzada de todas las ciencias existe un máximo de incerteza; y lo que escasea en evidencia se llena con pasión y con fe, y con odio hacia los no-creyentes. La ciencia no estará jamás exenta de ideología, aunque la ideología de ayer sea el hecho o la ficción de hoy.

> La ideología (la controversia ideológica) aparece en muchos dominios, pero en su forma más pura aparece en esas controversias de siglos que nunca han dejado de encontrar sus fieles, sea en disputas

de matemáticas, estéticas o políticas. A cualquiera de estos dominios que se refieran, los teóricos se muestran sin parar polarizados sobre los mismos problemas. (*Exploring Affect*, p. 111)

Y como se dijo, para Tomkins, la siembra de la polarización ideológica en todas sus variantes se encuentra en la familia, taller elemental de la socialización de los afectos. Sea completa, sea fragmentada; sea integral, sea parcial, la ideología de los padres irrumpe impune en la naturaleza de la socialización de los hijos. Así, un padre puede enfatizar una ideología normativa imponiendo con fuerza, si es necesario, la sujeción a la regla; mientras otro, incentivando la iniciativa y la auto-aserción del hijo, está socializando las bases de una ideología humanista.

La verdad, todo esto lo ve cualquiera a lo ancho y lo largo meramente dándose una vuelta por el vecindario.

La familia es como la fábrica de la socialización. Siguiendo el símil, la familia en general produce de acuerdo a la demanda del mercado social. Lo que en buena letra, significa que la familia anda mal si produce en desacuerdo con las ideologías que imperan en la sociedad.

Los mecanismos de socialización de los afectos inhiben más que promueven la manifestación natural de estos. Yo no puedo expresar mi enojo elevando la voz más allá de un límite. No puedo ponerme a gritar en un lugar público. Ni puedo mirar a un extraño directamente en sus ojos. Tampoco puedo aproximarme hasta el límite en que los olores del cuerpo ajeno me llegan a las narices. No toco a otro, no le echo encima el aliento, ni le salpico mi saliva. Todo esto llena un amplio espacio en la socialización del niño.

La sociedad impone restricciones especialmente en la expresión de los afectos que Tomkins llama masculinos, los afectos de agresión como la ira, el desprecio, la alarma. Claro está, esta restricción de la expresión de los afectos requerida por la existencia social implica ingentes cantidades de afecto reprimido (*backed affect*). Tomkins considera una confusión común y grave en psicología la del afecto reprimido (o seudo afecto) con el afecto real.

El cuadro que nos ofrece Tomkins hasta aquí sería escuetamente el siguiente:

Las sociedades humanas primitivas practicaban indistintamente la caza y la recolección. Cuando algunos grupos se dedicaron a la caza mayor, cayó entre ellos el énfasis sobre la fuerza, el arrojo y la agresión. Venida la escasez, ello significó la guerra por los alimentos. En otras palabras, el triunfo de los grupos cazadores sobre los recolectores y la reducción de estos a la esclavitud. A la esclavitud de los vencidos se une la esclavitud de las mujeres con lo que se acentúa la división social de los sexos. Así se establecen las sociedades de comando militar: explotadoras, autoritarias, jerárquicas, masculinas. Los señores imponen la ideología de las normas, el sometimiento, con su énfasis en el peligro, el riesgo, la violencia. Del lado de esclavos y mujeres, surgen las ideologías de la convivencia, la mansedumbre, el amor y toda la gama de los afectos femeninos.

En tales condiciones sociales y políticas, se explica que surjan los Protágoras con sus consignas de emancipación: En los asuntos humanos no hay más medida de verdad y valor que el hombre, no hay Sinaíes ni estatutos del cielo.

La verdad, no nos enseñan a ver así a Protágoras, lo que no tendría mucho de misterioso si quienes lo hacen son personas de ideología normativa. En la familia, el colegio, el lugar de trabajo, la iglesia, el partido vivimos bajo el comando de las normas, que nos son dictadas por una autoridad que tiene el poder de sancionarlas. Se puede decir, entonces, que no nos queda más que enfocar el tema de Protágoras desde la perspectiva normativa. Así captamos solamente el lado que el punto de vista oficial declara negativo. O lo vemos a medias de modo que su propuesta nos resulta disparatada, "contraria al orden de las cosas". Se nos escapa la mitad positiva, la que nos está diciendo que las normas las hace el hombre, nada más que el hombre, venga disfrazado de ángel o de demonio. Reaccionando así, la norma sigue siendo un "valor", cosa que viene desde fuera, que subsiste por sí. Con tal reacción, la sociedad se separa del individuo. La ley, el estado, la religión son entidades de suyo y sus orígenes y raíces en el hombre mismo quedan fuera de percepción. A los Protágoras, el estado, la iglesia los expulsan o los matan. A los Platones les alzan estatuas. Nos cuentan después la historia de los Protágoras escrita por los Platones que los transforman en locos que se proponían subvertir el orden social en la incerteza, el relativismo y el caos. Los poderes establecidos se autojustifican con esta exposición de Protágoras, la negativa, y la eliminación de la otra: la del humanismo liberador que revela las raíces humanas de toda norma y la escisión social en que se asientan el estado y la religión.

¡Qué fuerza adquiere entre nosotros una teoría como esta cotejándola con los largos años de la dictadura militar de Pinochet, cuando en nuestra universidad se instalaron a dictar sus reglas de "excelencia académica" los alumnos militaristas de Platón mientras al muy humanista de

Protágoras lo mataban, lo encarcelaban o lo corrían fuera del país!

Pero, tendríamos que reconocer que la escisión social que produce la concentración del poder en manos de los guerreros no solo sub-produce los Protágoras, sino que sub-produce también una especie de trascendencia y misticismo. Los materialistas consideran la religión como pura astucia adormecedora del poder. Vemos con aplastante evidencia en nuestros días que la fuerza de la religión es cosa demasiado gigantesca para fundarla solamente en el engaño y la alienación. Es de la experiencia absoluta de la miseria, el sufrimiento, la postración y la esclavitud, pero también de la insignificancia, la impotencia y el sinsentido, que surge en su forma pura la religión. Ya la noción poeto-mítica de unidad originaria nos parece demasiado para la mentalidad de un bruto. De donde le nacen Protágoras a la sociedad, de allí mismo le nacen Budas.

Tampoco se requiere de la concentración del poder, sus guerras, sus masacres, para que nos engañen con el terror ante los dioses. Basta la naturaleza con sus cataclismos, terremotos, diluvios, conflagraciones y pestes para que los demos por reales, superiores, poderosos y temibles.

Así, cuando el poder se concentra podemos dar por seguro que hace tiempo ya que se estableció la religión. Lo que ocurriría con el advenimiento del poder político sería en lo principal una división del Olimpo: De una parte, los dioses temibles, sanguinarios, los dioses de la masacre, el saqueo y la esclavitud; de la otra, los dioses amables, los dioses de la paz y la convivencia, de la recolección y el cultivo. Así también se divide el impulso expansivo de las religiones: las religiones de la Guerra Santa y la Inquisición; las religiones del fervor misionero y la caridad.

El "Test de Polaridad" de Tomkins se puede probar no sólo para demostrar la polaridad misma, sino sus mil variedades combinatorias en los individuos (y también grupos, culturas, sociedades) en cuanto alternativamente o simultáneamente se someten en ciertos respectos a normas, mientras en otros se atienen a sí mismos. De modo que vistos por miles de millones los individuos formarían una nebulosa de todas las combinaciones polares posibles. Y se puede decir también que la escala de la polaridad social se refleja en el individuo así como quiere Leibniz que el universo todo se refleje en las mónadas que postula en su Monadología. Y si de Leibniz nos desplazamos a Bradley y consideramos la Realidad como el universal concreto de todas sus apariencias, todas las mónadas (*finites centres of experience*) incluirían en su apercepción esta polaridad izquierda-derecha de que nos habla Tomkins. Y hasta podría decirse que este es uno de los secretos de su dinámica.

Se explicaría también así la insolubilidad de los conflictos entre el hombre y los dioses, el cielo y la tierra, la idealidad y la existencia. Y entre los hombres también, entre las clases, los sexos, las sociedades, las culturas y los países. Y los conflictos sin esperanza entre el individuo y su sociedad. Y nuestros conflictos interiores, el desgarramiento entre lo que sentimos como nuestro deber social y lo que obramos como nuestro derecho inalienable. Así se entenderían también las construcciones disparatadas y desesperadas — como el marxismo católico, el budismo capitalista, el existencialismo cristiano, el nacional socialismo, etc. Así se tendría cuenta a punto sobre la perenne oposición entre el idealismo de Platón y el realismo de Diógenes, entre los socialistas y los individualistas, entre los esencialistas y los existencialistas, los conformistas y los anarquistas.

Y hablando de filósofos, así se entenderían empresas como la sistematización linear de la ciencia y la sistematización dialéctica intentada por Hegel en oposición a la articulación real del pensamiento occidental que es en verdad dilemática, como también lo postula Tomkins. "Dilemática" se dice aquí en el sentido de abierta al juego (relativamente) libre de las oposiciones.

Test más, test menos, lo cierto es que nuestra experiencia, nuestro entorno social, nuestros noticieros de prensa y televisión, la política, la propaganda, las letras y el cine, las artes todas, la moda, muestran la polaridad de Tomkins a los ojos de quien mire. Los niveles electrónicos alcanzados

por las técnicas de comunicación e
información exhiben bajo tal grado la
universalidad de la polarización, en tales
niveles de plenariedad al minuto y al
detalle, que los hombres, con todos sus
pequeños conflictos, atónitos ahora por la
lucidez, aplastados por la impotencia, no
encuentran más respuesta que dejarse
arrastrar donde la marejada los lleve,
puesto que oponerse no produce más que
desesperación y al fin de todo entero
desquiciamiento.

Como vimos, Tomkins postula que los
orígenes de la polaridad provienen de la
escasez confrontada como asunto de vida o
muerte por el hombre primitivo. Considera
que la caza mayor separó los afectos
masculinos de los femeninos, de modo que
cuando se presentó la escasez las
condiciones ya se habían desarrollado para
que los fieros se impusieran sin mucho
trabajo sobre los mansos. Piensa también, y
vuelve y vuelve, en la noción paradisíaca de
un mundo sin escasez, donde era tal la
abundancia de recolección y caza que todos
podían convivir sin hacerse guerra. Lo que
recuerda el buen salvaje de Montaigne y
Rousseau, el comunismo primitivo de los

marxistas y el paraíso perdido de judíos y cristianos.

Lo que se aviene también con lo que Tomkins llama "*nuclear script*". (Ya hablaremos de su "*script theory*".) Me parece que un lindo poema de Rubén Darío nos sirve para una buena aproximación de lo que sería "script nuclear", según este autor. El poema nos cuenta de un caballero feudal al que en el palenque guerrero le clavaron un venablo que sería mortal arrancar. De todos modos, el caballero no demoró en morir,

> porque el físico decía
> que en el dicho caso quien
> una herida tal tenía,
> con el venablo moría,
> sin el venablo también.

Y agrega nuestro bardo inmortal:

> ¿No comprendes, Asunción,
> la historia que te he contado?
> ¿La del guerrido garzón
> con el acero clavado
> tan cerca del corazón?
> Pues, el caso es verdadero:

Yo soy el herido, ¡ingrata!
Y tu amor es el acero:
Si me lo quitas, ¡me muero!
Si me lo dejas, ¡me mata!

Es como una romántica acuarela de lo que Tomkins nombra "*nuclear script*". Otro por el estilo, un poco más detallado, se encuentra en una canción que escuchaba en mi niñez:

¡Quisiera amarte menos!
¡No verte más quisiera!
¡Salvarme de esta hoguera
que no puedo resistir!
¡No quiero tu cariño
que no me da descanso,
pues sufro si te alcanzo
y lejos no sé vivir!

Tomkins presenta su "*nuclear script*" con el ejemplo del niño mayor que disfruta en el seno de la madre, que tiene sus caricias, su cuidado, su pecho cálido y nutricio, en fin, todo su amor, al que de pronto le ocurre la desgracia sin nombre de un hermanito. El pequeño comienza a vivir una interminable aventura de amor imposible: incapaz de renunciar a esa señora suya y también incapaz de reencontrar el lecho perdido. De pronto, logra que la traidora lo anide en sus brazos, que lo arrulle, le sonría, lo bese como en los tiempos del paraíso... Pero allá salta corriendo porque el monstruo se ha puesto a llorar. Y el cielo se vuelve infierno. Situaciones así se repiten y repiten día a día, de modo que nuestro desgraciado héroe se ve sacudido entre extremos de ansiedad: recuperar el paraíso para perderlo y volver a recuperarlo y volver a perderlo. No cuesta conceder que un destino así puede ser determinante ni que el esquema que se repite y repite, de odio y amor, de atracción y rechazo, se expanda a otras situaciones de composición análoga. Como el amigo al que volvemos y volvemos aunque sabemos que nos traicionará y volverá a traicionar; la amada que nos abandona, que odiamos a muerte y que nos arrodillamos y humillamos por recobrar aunque nosotros mismos sabemos que volverá a abandonarnos. El individuo busca el sustituto de esa mujer adorable que fue su madre en un tiempo, para después de encontrarlo tener que afrontar de nuevo la encarnación odiada de la madre que lo traicionó. Y lo mismo se repite como una condena por todas partes. En la profesora que era su ángel protector y que de pronto se vuelve toda coqueta al alumno más alto y más hermoso que aparece de pronto. En la compañera de banco con que sueña en sus noches y que una negra mañana tomó sus útiles y se fue donde otro príncipe, mucho más azul. Y por todas partes lo mismo: en el jardín infantil, en la escuela, el liceo, la universidad; en el barrio, el trabajo, en el baile, en la playa el cuadro se repite en análogos. Se repite y se repite. Es un "script nuclear": la persona se desvive por recuperar una buena situación que se transformó en una mala situación. La figura que más emplea Tomkins para referirse al "script nuclear" es la del paraíso que perdimos para ir a caer al infierno y que tratamos de recuperar sólo para caer de nuevo en el infierno.

Me adelanté a la *"script theory"* de Tomkins exponiendo este concepto amplio y tan importante de "script nuclear" por su relación con lo que él dice y con lo que se dice también por otros sobre las ideologías de redención, porque en estas recurre el motivo del paraíso perdido, el infierno y el paraíso recobrado en variaciones sin número.

Un ejemplo familiar es el caso de los exiliados chilenos. Los tiempos del Gobierno Popular son los de un paraíso que se perdió. Se vive en la nostalgia de ese paraíso, se cuenta a los hijos de esa Edad de Oro, de ese país ideal del que los expulsó la tiranía y se le contrapone con el infierno a que se vino a parar. Tomkins observa que en el *"nuclear script"* tanto el paraíso como el infierno son idealizaciones, que el infierno real no es tan infierno, que el paraíso real no era tan paraíso. Ello se muestra en el caso del exiliado chileno que vuelve a su país. Las cosas comienzan a invertirse: el infierno adquiere visos de paraíso y el paraíso continencia de franco infierno. Por lo que muchos que volvieron regresan de nuevo. Muchos reinician el periplo; y vuelven a reiniciarlo. Muchos se están confundidos sobre cuál es el infierno y cuál el paraíso. Una suerte de *"nuclear script"* elevado al cuadrado. Por lo que nos trae en reportajes y noticias la televisión, vemos que en Rusia son millones los que están viviendo los vértigos del "script nuclear" entre el paraíso soviético perdido y el infierno americano recuperado. Recuerdo haber pasado más de una vez por la calle Seminario donde un señor puso dos mesones con sus libros a la venta. Eran libros del paraíso soviético — de los que compré varios — que el dueño remataba. A todas vistas, un hombre de *"nuclear script"* que mientras vendía sus libros "buenos para nada" no dejaba de estar permanentemente argumentando en pro del paraíso perdido.

También se puede hablar de *"nuclear script"* en el caso del cristiano que pugna por imitar la vida de Jesús. En especial los cristianos muy carnales que comen, beben y fornican sin tasa para ir el domingo a vomitarle sus pecados en la cara al paciente párroco. El cristianismo aparece como una doctrina ad hoc para la existencia nuclear de millones que se agitan sin esperanzas entre la taberna, el prostíbulo y el hogar. ¿No vibra un *"nuclear script"* en esa canción de mi madre?

> Hogar de mi recuerdo,
> a ti volver anhelo.
> No hay nada bajo el cielo
> más dulce que el hogar.

También vibra, ¡y cómo!, en ese soneto famoso de Lope de Vega que comienza "¿Qué tengo yo que mi amistad procuras? Qué interés se te sigue, Jesús mío..." y que termina en el centro mismo del *nuclear script* del pecaminoso Lope:

> Cuántas veces el ángel me decía:
> "Alma, asómate ahora a la ventana,
> verás con cuánto amor llamar porfía".
> Y cuántas, hermosura soberana:
> "Mañana le abriremos", respondía,
> para lo mismo responder mañana.

Las célebres, con razón, Confesiones de Agustín son el paradigma del "*nuclear script*" cristiano. Y ese poema de Pedro Antonio González, El Monje, no le va en saga:

> ¿Por qué, por qué sin fe para el combate,
> el alma alada que a la cumbre vuela
> olvida que es espíritu y se abate
> cuando la carne frágil se revela?

Es la historia de un joven monje que cae en las redes de "una virgen de pálidas mejillas, de pupilas de cielo y trenzas de oro". El "*nuclear script*" entre los extremos de la pasión sensual y la devoción cristiana se desata. Se hace cada vez más intolerable. Pedro Antonio González sigue los pasos del drama como si tuviera a mano el capítulo de Tomkins sobre "*nuclear script*" (sólo que años antes de que Tomkins naciera). El monje muere en el altar, en el acto de depositar en los brazos de otro la virgen que adora. Es justo lo que dice Tomkins: En el extremo de toxicidad del "script nuclear" sólo queda la muerte como respuesta.

No parece ociosa la consideración de la historia de Oriente y Occidente como una secuencia nuclear. Leo de algunos que el cisma entre Bizancio y Roma se explica por la oposición ideológica de dos doctrinas sobre el alma y el cuerpo, sobre la sociedad y el individuo, sobre el espíritu y la materia, el hombre y la naturaleza. El marco conceptual y metodológico de toda esta dicotomización consiste en la oposición análisis-síntesis. Oriente enfatiza la síntesis sobre el análisis; Occidente, el análisis sobre la síntesis. Así el alma es inseparable del cuerpo, en Oriente, al contrario de la separación de ambas sustancias en Occidente. El individuo y la sociedad son inseparables en Oriente; no así en Occidente. Otro tanto de la materia y el espíritu, el hombre y la naturaleza. Hasta de análisis y síntesis podemos decir que mientras la manera de Occidente es separar análisis de síntesis, la de Oriente es un análisis sintético o síntesis analítica.

Mucho de esta oposición individuo-sociedad tendría que considerarse en la problemática del intelectual socialista. Se busca la forma conceptual y práctica de resolver la oposición. Por ejemplo: la libertad se realiza cuando el individuo quiere lo que debe; el bien se realiza cuando el individuo aporta según su capacidad y consume según su necesidad. El intelectual revolucionario se consume en contradicciones prácticas y teóricas tratando de consumar ambos desiderata. No encuentro un mal ejemplo de intelectual, por decirlo rudamente, empalado en su grandioso *"nuclear script"*, en el comisario que interroga a Rubashov en esa famosa novela de Arthur Koestler, *Oscuridad a Mediodía*. Toda la época del estalinismo, la guerra fría y acaso también toda la época posterior se encuentra bajo las nubosidades de algo como lo que Tomkins llama "*nuclear script*".

Se piensa también en los grandes imperios del pasado. ¿Qué gran época de la historia no tuvo su Edad de Oro que decayó y cuyos descendientes tratan de restablecer? El Nuevo Imperio Romano. ¿Qué buscan los pueblos musulmanes sino el restablecimiento de su perdida gloria?

A los mitos del Paraíso Recuperado, la Nueva Jerusalén, la Sociedad Comunista, las utopías todas, se agregan los mitos adánicos de la Europa Moderna. El cogito infalible de Descartes, el saber intuitivo de Pascal, el saber innato de Locke. Junto a ellos, la experiencia preterrena de Platón, la noesis infalible de Aristóteles, la intuición eidética de Husserl. Todas formas de contacto con lo divino, esencial y eterno.

La historia de Jesús suministra también ejemplos de "*nuclear scripts*". Siempre me fastidió, y mucho, aquél pasaje en que viene uno a decirle que su madre anda preguntando por él y el muy ingrato responde: "¿Quién es mi madre? ¡Tú eres mi madre!", dirigiéndose a la primera pelafustana a la vista. O sea, el hombre ha roto con los "scripts" de la familia. Pero este no es un caso de "*nuclear script*" como sí lo es el que aparece a toda vista en el Huerto de los Olivos. Tomkins caracteriza también el "*nuclear script*" como una tensión entre la ansiedad o avidez (*greed*) y la cobardía (*cowardice*). Se piensa en la tentación. "¿Dices ser el hijo de Dios? Pues, ¡échate a los abismos! Los ángeles del Cielo te alzarán antes de que toques el suelo". ¿Qué ocurre en Getsemaní? Una cosa muy nuclear: Se ha decidido redimir a los judíos del pecado, pero no se quiere pagar el precio. Así pensamos también de Salvador Allende que tiene un "script nuclear" que vibra entre los extremos de la burguesía y el proletariado. Un script de alta toxicidad. Pero cuando llega el momento de pagar el precio, lo paga sin angustias.

Las revoluciones están siempre en los orígenes de una secuencia histórica nuclear. No hay una situación paradisíaca al comienzo sino la guerra a muerte por salir del infierno. Pero tan pronto una segunda fase comienza a realizar la igualdad, la libertad y la fraternidad en cárceles y guillotinas, la primera fase se transforma en el paraíso de los Marats y los Dantones seguido por el infierno del terror y los Robespierres.

Característicamente, el dictador después de la abolición del caos, inicia una Época de la Reconstrucción Nacional, crea una Secretaría Nacional de la Juventud, instala campos de concentración, trabajos forzados y escuelas de recuperación para los degenerados recuperables del paraíso anterior al suyo.

Dicen que los chilenos vivimos aferrados a la Cordillera para no caernos al mar. Dicen también que salimos de un terremoto sacudiéndonos para esperar el siguiente como se debe. Y dicen que no hay chileno que no esconda su mapuche en el closet. O sea, que nuestra existencia tendría que ser nuclear por donde se la mire.

Se podría también fundar la pugna dicotómica de las ideologías a partir de bases mucho más firmes que el mero sondeo estadístico que realiza la Escala de Polaridad. Leo de algunos biólogos especulativos que nuestros ancestros homínidos resultan de una mezcla de razas esteparias de una parte y arbóreas de la otra, lo que implicaría en la formación de nuestro cerebro humano bioprogramas arbóreos — de organización social jerárquica — y bioprogramas esteparios — de organización social corporada. Lo cual produciría ideologías de tipo normativo y también ideologías de tipo humanista.

También, la teoría de dos y hasta tres cerebros fusionados en uno, o la de la oposición de los hemisferios cerebrales, o la del sistema límbico versus el cortical podrían explicar las oposiciones sociales y políticas que observamos a través de la historia y a lo ancho de las sociedades.

¿Y no vale también considerar el carácter nuclear a priori de la atmósfera familiar así como viene determinada en culturas como la hebrea, la griega, la romana, la cristiana y la musulmana? Entre el padre y la madre, no hay dudas sobre dónde queda el paraíso y dónde el infierno. El impulso de restablecer la calidez del hogar liquidando al padre no es nada especial en el niño, como sería lo contrario. Sólo que como observa el mismo Tomkins, uno se libera de la soberanía masculina reproduciéndola.

Por lo que leo sobre su vida, los años en que Tomkins escribió sobre ideología fueron los años en que la guerra fría subía y alcanzaba a veces la peligrosidad de un real Armagedón. Supongo que en el futuro todos nuestros hechos de esa época (aunque no creo que debamos decir "esa" todavía) llevarán marcada la característica: "Época de la Guerra Fría" – que, por lo demás, si algo no es, es *fría* –. Creo que en este marco universal y apocalíptico, también resulta muy obvia la distinción polar de Tomkins. Eran tiempos en que el mundo entero estaba dividido en dos imperios, tal como en esa larga historia de Tolkien sobre el Señor de los Anillos o en 1984, esa pesadilla de Orwell. Eran los tiempos en que los rusos habían inventado la ampolleta y la máquina de escribir, cuando uno era marxista porque había que ser objetivo y leninista porque había que ser revolucionario, cuando las condiciones no estaban dadas el martes y había que quemar etapas el miércoles. Orwell hablaba de "*double speak*", Koestler de "lógica de circuito cerrado" y Popper descubrió el principio de falsificación (supongo) cuando en sus tiempos de estudiante marxista de los que habla en alguna parte se encontró con que hay doctrinas como las de Freud y Lenin que no se pueden refutar como no sea a palos. Tales eran los tiempos. Supongo (aunque al respecto no sé absolutamente nada y estoy tan desnudo como un teólogo cristiano) que en la Unión Soviética de esos años en general los buenos eran ellos y los malos el resto. De manera que el "*nuclear script*" soviético — recobrar el paraíso de la sociedad sin clases — estaba muy claro, como si escrito en la pizarra de todas las escuelas, gimnasios y universidades. Pero en el "Imperio del Bien" (y aquí no supongo puesto que viví estos largos años), por millones y millones surgieron los hombres partidarios del "Imperio del Mal". ¡Y esta sí fue la extensión amplia y realísima del "script nuclear"! Muy simple: Ellos sí estaban en el "Imperio del Mal" y aspiraban al "Imperio del Bien" al otro lado de la Cortina de Hierro. ¡Cómo odiaban el mundo capitalista! Y cómo comían y bebían y disfrutaban del producto de la maldita explotación. Eso sí que era "*nuclear script*" si hay algo que merece el nombre. Recuerdo mis clases de Introducción a la Filosofía, mis alumnos que venían en los coches que les compraban sus padres explotadores, los estacionaban lejos, lejos del recinto para que no se les vieran los intestinos de su "script nuclear". Supongo que existen bibliotecas enteras de literatura sobre la nuclearización de los intelectuales durante y después de la Gran Guerra. El "Por favor, déjame siquiera mis sueños" lo escuché muchas veces por esos años. Y todavía lo escucho entre los pobres de espíritu de la época actual. Libros de esa admirable y lúcida dama, Doris Lessing, como *The Golden Notebook* y *The Four Gates City* son obras de no olvidar sobre la intelectualidad inglesa de los años sumamente nucleares del estalinismo y la desestalinización.

Tomkins dice que el "script nuclear" se forma con la tensión entre la avidez (*greed*) y la cobardía (*cowardice*). También vale esta idea en relación con esa doctrina del neutralismo que llegó a la práctica durante la Segunda Guerra Mundial, siguió adelante durante la Guerra Fría y sigue todavía aunque toda destartalada por la caída de la Unión Soviética y el surgimiento de la Unidad Europea.

Basta mirar el mapa para dar sentido a la neutralidad de Finlandia y la neutralidad de Suecia. Pero no hay que pasar por alto que Suecia hizo negocios con tirios y troyanos y que su neutralidad durante la Segunda Guerra no llegó al punto de impedir que las tropas alemanas cruzaran por su territorio desde la ocupada Noruega al Báltico. También entran acontecimientos como este en el "estatus nuclear" del pueblo sueco. Más grande todavía (y ellos mismos lo saben muy bien y lo airean con frecuencia) es el conflicto entre la política altamente humanista de los suecos hacia el Tercer Mundo y su explotación capitalista del mercado mundial.

Un colofón-protesta aquí, avalado por el sentido común. En los tiempos del Gobierno Popular también nosotros descubrimos el agua tibia. No demoró en venir galopando en los comienzos del nuevo régimen una general escasez. Seguramente, producida a la vez por el acaparamiento, la capacidad de compra inorgánica, el mercado negro, las estrategias económicas contrapuestas del Ministerio de Economía y la oposición, y el dominio financiero, comercial e industrial de la derecha. Pasaron meses y meses de urgencias económicas cada vez más intolerables, los estantes de las tiendas vacíos, las colas a lo largo de cuadras. Pero el gobierno, como si nada. Finalmente, el gobierno decidió que sí, que en efecto había escasez. Y allí fue donde muchos descubrimos el agua tibia: Es a saber que las cosas existen o no existen no como dice Protágoras, sino de acuerdo a lo que estipula el poder, que en este caso de la escasez procedía ni más que menos que como Dios en el Génesis, que primero hizo la luz y sólo después de hacer la luz hizo las estrellas. Y a lo que voy: esa impresión es la que producen muchas veces psicólogos y sociólogos con sus hipótesis que verifican mediante estadísticas. Y esa es la impresión que tengo yo de la "Teoría Polar" de Tomkins: Que tiene no poco de descubrimiento del agua tibia.

También anda por aquí el poder, como en todas partes. Por ejemplo, a un intelectual que se las arregla como puede en las márgenes o en los intersticios del imperio le resultan más que obvias y sabidas las ideas de Tomkins sobre las ideologías y las dicotomías ideológicas. Pero, ¿qué gana con ello? Lo que piensa una persona en las márgenes del poder (sea éste poder en el "*establishment*" político, científico, literario, educacional, económico, hasta terminar en el poder de la portería del basurero municipal) importa tanto como nada. A un intelectual que no se encuentra en una situación tan impotente, pero que así y todo no pertenece al "*establishment*" — como es a todas vistas el caso de este pensador, Tomkins — lo que de mejor puede ocurrirle es que en las altas esferas de la ciencia imperial le den un vistazo a sus "*papers*", pero sosteniéndolos con mucho cuidado entre el pulgar y el índice. Y si le va bien, ¡he aquí que tenemos ya la probabilidad de que se reconozca la existencia del agua tibia!

2

Me interesé en Silvan Tomkins cuando oí que — siendo psicólogo y americano — hace risa de los conductistas, que considera la sexualidad un impulso más — como el hambre o la sed — y que devuelve a la conciencia su estatus de tal. También, por el énfasis fuerte que pone en la afectividad y por su teoría de los ocho afectos innatos irreductibles: alarma (*startle*), temor (*fear*), interés (*interest*), aflicción (*distress*), cólera (*anger*), hilaridad (*laughter*) y alegría (*joyment*).

Estas respuestas afectivas innatas están, de acuerdo a Tomkins, en relación inmediata con cambios sustanciales de intensidad en la corriente del flujo nervioso (*changes in the optimal intensity of neural firing*). Si el mismo cambio de intensidad se mantiene en el tiempo (por ejemplo, de pronto un motor se echa a andar en el patio y sigue funcionando con el mismo ruido), las respuestas afectivas son de aflicción o cólera, según el cambio sea mayor o menor. Si el cambio aumenta con el tiempo (por ejemplo, el pitazo en ascenso de la sirena de alarma), las respuestas afectivas son alarma, temor, interés, según va de más a menos la aceleración. Si el cambio disminuye con el tiempo (como el mismo pitazo de alarma después de alcanzar su punto álgido), las respuestas son hilaridad y alegría según es más o menos brusca la desaceleración.

No cuesta dar contenido (como se intentó en los paréntesis anteriores) y hasta colorido a estas postulaciones abstractas.

Por ejemplo, somos detenidos durante una manifestación política y encerrados con decenas de otros en un campo ad hoc; o es uno detenido en igual circunstancia y encerrado solo en estrecha celda. En ambos casos hay un cambio brusco en la intensidad del flujo nervioso que se mantiene relativamente constante durante el tiempo de pérdida de libertad de movimiento, pero que es menor en el primer caso. En éste, respondemos con un sentimiento de suma aflicción. Pero, en el segundo, no demoramos a abalanzarnos furiosos sobre la puerta aherrojada.

O considérense las cosas cuando nos cuentan un chiste. Seguimos con creciente interés las escenas de la historia. En su culminación se produce el giro inesperado, la descarga brusca de la tensión producida y la explosión de risa.

La alegría, la mira uno con los ojos cuando los niños salen gritando de la sala de clases al patio de recreo. La verdad, se desencadenó brusca al simple sonido de la campana.

Pero, el toque de la campana no produce alarma. ¡Cómo es esperado! Un cañonazo en la noche sí produce alarma. Y temor si se repite. Y si la cosa sigue vamos a la ventana curiosos y hasta salimos en pijamas a la calle a averiguar.

Yo veo al pequeño correr espantado a los brazos de su madre, mirar desde allí tiritando y soltarse por fin acercándose cauteloso a la enorme araña.

La piedra cae. El cervatillo se detiene. No se le mueve un pelo. Es la respuesta inmediata al ruido inesperado. Nos quedamos maravillados de la concatenación causa-efecto. No tiene mucho o nada que ver con respuestas reflejas: la piedra cae, ruido brusco y súbito, impacto en el oído, paralización completa, alarma. El animal llega al mundo equipado para responder así.

La asociación elemental y universal de los conductistas, estímulo-respuesta, apenas la considera Tomkins en el nivel de los reflejos innatos. Incluso estos — como es el caso de los reflejos exploratorios oculares, táctiles y orales del recién nacido — comienzan a ser desplazados desde el primer día de vida.

> Considérese una de las primeras escenas: el infante hambriento en los brazos de su madre. Como ser humano, trae como equipo estándar los reflejos que mueven la cabeza de un lado a otro ante el pecho de la madre, los reflejos que le permiten encontrar el pezón y succionar. Para cualquier concepción de la buena vida, esta es una buena escena...

¿Hay razón ninguna para esperar dificultades en este paraíso? Todo está en orden y operando a perfección. Así y todo, el recién nacido no es perfectamente feliz en este estado de cosas. Su conducta, apenas nacido, parece decirnos: "¡Preferiría hacerlo yo! Puede ser que no lo haga tan bien como esos reflejos, pero podría hacerlo mejor y lo voy a intentar". Los experimentos de Jerome Bruner (1968) han mostrado que desde muy temprano el infante reemplaza el reflejo de succión empezando a succionar voluntariamente... (*Affect Imagery Consciousness*, vol. 3, p. 77)

Así, ya desde las primeras horas fuera del vientre materno el infante comienza a desenvolverse como persona. La respuesta refleja sería como el impulso que la batería da al coche. El pequeño recién nacido comenzaría pronto a desentenderse en la medida en que despliega sus propias alas no más entrar al mundo. Como dice Tomkins, venimos innatamente equipados para desarrollarnos como personas.

Considérense asimismo los berridos de nacimiento:

> El llanto es la primera respuesta del ser humano al nacer. Este es un llanto de aflicción. No es, como suponía Freud, el prototipo de la ansiedad. Es una respuesta de aflicción ante el nivel excesivo de estimulación al que el pequeño es expuesto de súbito al nacer.

> La función biológica general del llanto es, primero, comunicar al propio organismo y a los demás que no todo anda bien... segundo, motivar al propio organismo y a los demás a que se haga algo para reducir los chillidos a un grado de toxicidad tolerable para el organismo que llora y para el que oye su llanto. (*Exploring Affect*, p. 74)

En este caso, y tratándose de la primera respuesta del ser humano en el mundo, lo encontramos equipado de antemano para actuar, motivar, suscitar conductas en que le va la vida y hacerlo mediante la intervención inmediata e innata de los afectos. Así, la díada fundamental del conductismo "Estímulo-Respuesta" se sustituye aquí por la tríada básica de Tomkins, "Estímulo-Afecto-Respuesta".

Tomkins considera la situación en que se encuentra la criatura al nacer como la escena primera en su existencia y sostiene que esta escena viene innatamente controlada por un "*innate script*". Como si el organismo viniera al mundo equipado para la primera escena de alta y constante elevación de la intensidad neural producida por el cambio dramático de ambiente, con la orden: "¡Llora a matarte!"

¿Cómo se va del cambio brusco del flujo nervioso, algo físico, al afecto, algo consciente? Suponemos que ahí se encuentra el gran problema. Tomkins sostiene que la función de la respuesta afectiva es dar urgencia a la situación en que se encuentra el organismo y que esto se logra mediante la amplificación del estímulo, la amplificación del mismo afecto y la amplificación de la respuesta:

> Los receptores del afecto no son menos compulsivos (*compelling*) que los receptores del dolor o los receptores del placer sexual. El pelo se nos pone de punta y sudamos aterrorizados. La cara enrojece mientras la presión de la sangre sube en la cólera. Nuestras arterias se dilatan y nuestro semblante se enciende plácidamente mientras sonreímos alegres. Éstos son análogos compelentes (*compelling analogs*) de lo que suscita terror, cólera, o alegría. Una segunda forma de amplificación se produce en virtud de la similitud de sus perfiles, en el tiempo, con sus activadores (*activating triggers*). Así como un disparo es muy súbito en su explosión, muy breve en su duración e igual de súbito en su cesación, así también su análogo amplificador afectivo, la respuesta de alarma, imita (*mimics*) el disparo con su igualmente explosivo y súbito inicio, brevedad en duración e igualmente

súbita cesación. El afecto, de este modo, o mejora las cosas buenas o empeora las cosas malas — conjuntamente imitando (*simulating*) el activador y agregando una cualidad analógica especial, intensamente gratificante o intensamente punitiva. (*Exploring Affect*, p. 53.)

Aquí no cuesta imaginar a Caifás Conductista rasgando vestiduras: "¡Veis que blasfema! Con sus afectos innatos en multitud, sus amplificaciones, sus miméticas, análogos y scripts innatos trae la ruina sobre el Templo y sobre todos nosotros. *So like John before him this Jesus must die! Tolle, tolle crucifige eum!*"

Tomkins dice que entre el estímulo y la respuesta el afecto obra como amplificador de ambos y de sí mismo. Mediante la amplificación, el afecto da urgencia a la situación logrando así que tomemos nota, nos percatemos y hagamos algo al respecto. Con el recién nacido se ve también (y Tomkins nos cuenta que fue observando a su hijo desde su nacimiento, en 1956, que reparó en la importancia de los afectos y su raíz innata). Supongo que a todos los que han asistido a los primeros momentos del nacimiento de un niño tiene que resultar muy plausible la idea: Que no es un manojo de reflejos el que está en control sino que retorciéndose, agitándose entero, enrojeciendo furioso y llorando a gritos el niño está diciéndonos, y como dice Tomkins, diciéndose a sí mismo, que se siente muy mal, que lo han cambiado de un lecho de delicias a un exterior de todos los demonios y que hagan todo lo posible por volverlo donde estaba. El afecto de inconfortabilidad (*distress*) amplifica el estímulo que representa el exterior al que el pequeño es lanzado y amplifica la urgencia haciéndola suma urgencia. Esta amplificación de Tomkins me la represento como dos vibraciones consonantes que se suman. ¿Cómo lo hacen? Por congruencia. Dice Tomkins:

> ... imitando (*simulating*) el perfil del disparo nervioso (*neural firing*) y agregando una cualidad analógica especial, intensamente gratificante o intensamente punitiva. Por ejemplo, la carcajada o los pelos de punta.

El aire sale de los pulmones, las cuerdas vocales vibran, el paladar, la lengua, los dientes y los labios improntan o articulan el flujo de aire que va a los aires así articulado, que llega a los tímpanos, delicadas membranas que reciben, traducen y retransmiten las vibraciones. O se habla ante el micrófono cuyas placas vibran y transforman las vibraciones acústicas en vibraciones eléctricas que vuelan con la velocidad de la luz hasta el receptor que las retransforma de nuevo en ondas sonoras. O el disco de Edison: las vibraciones se traducen en valles y montes en correspondencia con las ondas sonoras, vibración que comunican a la aguja, que transmite al audífono. Aquí la relación es más sensacional: algo natural que se ve y se palpa y una sensación acústica. Y no es metáfora, como aquella de Aristóteles que nos habla de la sensación (el *páthema tes psiqués*) como la imagen que impronta el anillo en la cera.

La relación entre las ideas innatas y el mundo externo la postula Locke como una relación adecuada establecida por Dios. Pascal supone lo mismo. Kant dice que el momento de especificación — la aplicación de las formas de la sensibilidad y las categorías a la materia informe que aportan los sentidos — es un misterio fuera del alcance humano. Más todavía, a propósito de la conciencia Leibniz afirma que podemos recorrer el cerebro detalle a detalle y nunca vamos a encontrar una sensación. ¿Qué nos dice Tomkins sobre este viejo problema filosófico, la verdad, la relación entre el pensamiento y la existencia?

> ... En los terminales del cerebro existen estaciones receptoras cuya función es duplicar aquellos aspectos del mundo ya duplicados, primero, en los receptores sensoriales y luego duplicados otra vez a lo largo de los nervios sensoriales.

> En esta estación receptora se produce un tipo de duplicación único en naturaleza. Aquí, los mensajes transmitidos son de nuevo transformados (*are here further transformed*) mediante un proceso

todavía desconocido, que llamaremos "transmutación", que cambia un mensaje inconsciente en un reporte (*"report"*). Definimos un reporte como cualquier mensaje en forma consciente. (*Exploring Affect*, p. 451.)

Lo que despeja el problema al que queríamos llegar esbozando la Teoría del Afecto de Tomkins: Que tampoco aquí se resuelve el misterio de la consciencia, el tránsito de la existencia al pensamiento. La "transmutación" de Tomkins no es más que un "proceso todavía desconocido". Cierto, la ciencia ha probado ad nauseam que puede resolver problemas que nos parecieron una vez de solución imposible. Pero que un hecho material se transmute en un hecho de conciencia... La verdad que una transmutación así pone un límite a lo que podemos imaginar. Como dice Leibniz, parece que nunca nos vamos a encontrar con una idea, por espaciosa que sea la biblioteca que recorramos. Nada más que libros.

Montaigne, en sus célebres Ensayos, trató del problema, pero en la dirección contraria:

> Vemos que nuestros dedos se mueven, que nuestros pies se mueven; que otras partes se mueven por sí solas sin nuestro permiso; que una percepción produce sonrojo, otra palidez; tal imaginación obra sobre el bazo, tal otra sobre el cerebro; una ocasiona risa, la otra lágrimas; una paraliza y entorpece nuestros sentidos y nuestros miembros... Cómo puede una impresión espiritual penetrar de tal modo en materia sólida y masiva, y en qué consiste la conexión y textura de estos resortes admirables, no hay hombre todavía que lo sepa. (Ensayos, II, 12.)

3

En inglés, "*script*" es por manuscrito, o por
el estilo de la escritura a mano, o por su
simulación en tipos de imprenta, o por un
escrito o documento original, o por el
manuscrito de una pieza de teatro, filme o
televisión, o por el rol de cada uno de sus
actores.

En este capítulo sobre la "*script theory*"
podría traducir "*script*" por "guión", pero
pensándolo y pensándolo, prefiero dejar
"script". No es nada del otro mundo
emplear palabras inglesas en nuestra
lengua. Como van las cosas, pueden llegar
tiempos en que no empleemos otras.

De joven, Silvan Tomkis se dedicó al teatro.
Y hasta se proponía ser un dramaturgo. No
encuentro comentarista suyo que no asocie
estos antecedentes de sus primeros años a
la nomenclatura que eligió para su teoría de
la personalidad.

Leyendo, releyendo y volviendo a releer voluminosos libros de este autor, todavía no estoy muy seguro de lo que quiere decir exactamente con la expresión "script". Le ocurre a muchos. Pienso que a él mismo le ocurría. Y por lo que escriben aquellos a quienes, según dicen, no les ocurre, parece que les ocurriera también.

Por ejemplo, Donald Nathanson en un artículo que trae Internet, *"What is a script?"* escribe:

> ... cuando Tomkins inició sus años de graduación, esperaba prepararse para dramaturgo. No llegó a ello, pero sospecho que de allí le quedó el deseo de explicar cómo el organismo humano, tan orgulloso de su libertad, podría actuar *"as if scripted"* o controlado por instrucciones escritas de antemano.

Sólo que Tomkins ni dice ni sugiere *"as if scripted"*. La frase *"as if"* me la hicieron notar en mis años de estudiante de filosofía. Había una filosofía del "como si" (*as if*). Por ejemplo, nos movíamos como si el mundo externo existiera, aunque no podíamos probarlo; como si los demás existieran, aunque no podíamos probarlo; como si nuestros actos fueran voluntarios, aunque no podíamos probarlo. No sé si esta idea se originó del famoso prefacio de Copérnico a su libro sobre la revolución de los astros celestes, donde decía que describía las cosas como si el sol estuviera en el centro porque desde este punto de vista resultaba todo claro como la luz del día. Dos cosas aquí: Parece que Copérnico decía "como si" para satisfacer al Papa y evitar la hoguera; y parece que para sus adentros no decía en absoluto "como si". También, si digo que tomando el dinero como punto de vista central todo el caos de la percepción espiritual del mundo se aclara como la luz del día, agregando "como si" evito la hoguera de la Inquisición. Dos cosas más: Tomkins no dice "*as if scripted*", sino categóricamente "*scripted*" y nuestro hombre aparece marginado del imperio de la psicología.

¿Qué nos dice la *script theory*?

La *script theory* supone que la unidad básica del análisis para entender la persona en cuanto distinta de los seres humanos es la escena y la relación entre escenas ordenadas por reglas que defino como scripts.

Algunos scripts son innatos, pero la mayoría son innatos y aprendidos. Los aprendidos se originan de los innatos, pero característicamente y radicalmente transforman los scripts más simples e innatos... Los mecanismos innatos del afecto encarnan estructuralmente reglas para la resonancia diferencial de cada "*neural firing*" (disparo nervioso) de perfil abstracto mayor en términos de su nivel de cambio o su razón de cambio. Así, heredamos una variedad de modos de cuidarnos de cada contingencia mayor dentro del organismo que se correlaciona mediante transmisión con el entorno exterior. Es un mecanismo de amplificación y cambio y un mecanismo de correlación que se impronta en su activador amplificándolo (*making it more so*) y otro tanto en cualquiera respuesta que se requiera o ejecute en ese momento. (*Exploring Affect*, p. 313.)

En los momentos en que la exposición requiere lo contrario, Tomkins parece regodearse viniendo tan alto desde lo abstracto que resulta molesto alcanzar los planos de la especificación. Por esta forma suya de exposición, renunciaba ya a exponer su doctrina del script cuando se me ocurrió invertir el método de exposición. Voy a ensayar esta inversión.

Suponga el lector que está sentado en un cómodo sillón del living en amable conversación con los dueños de casa. Llaman a la puerta. La dueña de casa va a abrir. Se oyen exclamaciones, saludos, pies que se sacuden y una voz por encima de todas: la voz de una persona que el lector conoce a la legua y que detesta al infinito. ¡Y todo iba tan bien! ¿Qué hacer? No hay más que una puerta, como no sea la de la cocina, y las ventanas tienen barrotes. Ahora, la persona entra en el living. Está feliz de vernos. Viene hacia nosotros con esa sonrisa que tiene de matarla in situ. Nos ponemos de pie sonriendo también. Decimos "¡Oh, sí, claro!" a todo lo que dice y aguantamos sin dejar de sonreír rezando a los cielos por que se vaya. ¡Hasta que se va!

Esto es lo que Tomkins llama una escena en nuestra vida, una unidad fundamental de análisis de nuestra personalidad. Desde que oímos a la entrada la voz odiosa de la persona, hasta que se puso de pie y desapareció del living, duró la escena. Ahora, consideremos que esta no es la primera ni la última vez que vamos a encontrarnos en situación parecida con esta persona, sino una en una serie indeterminada de situaciones análogas. En tal caso, es seguro que ya sabemos atenernos cada vez que esta persona irrumpe: sonreímos, suspiramos sin dejar de sonreír, seguimos sonriendo. Tal es la regla que seguimos para controlar las escenas con estas personas que nos están destinadas en la vida. A propósito, consideremos que esta no es la única persona dotada a la medida para fastidiarnos, sino que seguramente son muchas. Es claro que en todos los casos aplicaremos la misma regla, es decir, el mismo script.

No hay que decir que a todos nos caen en suerte en serie de series escenas así y que todos tenemos reglas — es decir, scripts — para controlarlas, eludirlas, modificarlas, soportarlas. ¿De dónde se originan estas escenas? ¡Oh, de dónde no! Hay gente que chilla que nos revientan los tímpanos, hay gente que suelta rebuznos en lugar de carcajadas, que nos muestran todos sus dientes podridos al reír, que hablan como ametralladoras salpicándonos con su saliva, que se acercan promiscuos echándonos los olores de sus axilas, que nos miran con un descaro de pájaros de mal agüero, que nos desprecian entre boca y narices.

Ya nos referimos a salir a saltos por la ventana ante una visita detestable. Esta es también una regla para controlar escenas que displacen. Dada su impracticabilidad, el afectado la puede sustituir poniéndose bruscamente de pie, mirando el reloj, dándose con la palma en la frente y exclamando: "¡Dios santo, cómo pude olvidar!" y desaparecer.

Me cuentan — lo que es un caso claro de script — de un señor sueco que cuando recibe una carta en sobre oficial la echa sin pensar un segundo en el cesto de los papeles. Lleva más de diez años aplicando este script de elusión sin haber sufrido jamás un contratiempo. ¡Si se me hubiera pasado a mí por la cabeza en todos estos años! Está claro: Retiro el correo, diviso el borde de un sobre oficial, ¡mal asunto! ¿Cómo se mejora? ¡A la basura con el sobre!

Otro caso, no de escape, sino de limitación. Desde luego, las ocasiones en que nos sentamos con otros a cenar son muy frecuentes. Los suecos tienen todos un script común para estas escenas: En la mesa no se habla de política ni de religión. Lo que mantiene el apetito y evita la estupidez inútil de las disputas.

Las situaciones en que el padre se enoja, trata de controlarlas el pequeño con scripts que asombran por su adecuación y la forma como los modifica, los combina, los alterna: Cuándo basta sonreír, cuándo hay que bajar la cabeza, cuándo hay que plantársele al frente, cuándo hay que correr donde la mamá. O sea, ya el pequeño tiene el bolsillo lleno de scripts.

Leyendo a Tomkins, me hace sonreír la escena conocida de todos en el supermercado: El pequeño que se echa al suelo pataleando, chillando, golpeando a la madre que no quiere comprarle los caramelos de su antojo. Este ejemplo me parece de importancia para avenirse con la idea de Tomkins (tal vez su idea más original) de la existencia de scripts innatos. Uno ve criaturas de escasos meses en los brazos de su madre que alargan los brazos hacia los objetos que brillan en los estantes y que chillan como verracos porque no los dejan cogerlos. No podemos menos que pensar en una regla innata de apropiación de lo que nos atrae. Si suponemos que esta criatura furibunda en el supermercado se sale con la suya cada vez que se pone a berrear, el script se afirma también cada vez más. Y ya podemos anticipar no poco de lo que va a ocurrir con esta personita más adelante. Literalmente se va a salir con la suya a gritos, ni más ni menos que como un Adolf Hitler. Podemos sin exageración imaginar a Eichmann como esa mamá en el supermercado y a Himmler como el pequeño gritón: "¡Yo quiero diez millones de judíos gaseados, yo quiero diez millones de judíos gaseados!" ¡Diez millones! Eichmann corrió por el supermercado pero solo pudo reunirle seis millones. Bueno, ¡qué tanta novedad! Basta mirar a un dictador en la cara y escuchar sus discursos para saber que todo su chocolate lo consigue pateando en el suelo.

Para seguir recogiendo nuestras castañas, tómese el caso de las dos bellas muchachas que conversaban en la televisión el otro día. Ciertamente, las escenas de aproximación amorosa forman largas series entre las niñas hermosas. De manera que no demoran en formar reglas para habérselas en estas situaciones y distinguir al príncipe azul genuino de los prefabricados. En esta conversación que digo, una lo quería en caballo con alas; la otra, en un Cadillac. Cada una, para la misma situación, distinto script. "El caballo con alas ya vendrá. Primero el Cadillac", decía la una. La otra pensaba exactamente lo contrario. Esta, pontificaba además y decía: "El amor encarna en besos". La otra decía: "Pero, ¿qué dices, tonta? Si encarna, encarna en orgasmos". Cada una con su script para controlar, evaluar, interpretar la misma serie de escenas.

O considérese el caso de los alumnos en fila ante el profesor aguantando la reprimenda. Esta es la misma para todos. Pero, ¡mírenles las caras! Basta con ello para saber que cada uno tiene su script personal para manejarse ante la situación, desde el que se agacha para que no se le noten las lágrimas hasta el que se a agacha para que no se le note la risa. He visto un cuadro de van Ostade con este motivo.

O considérese ese otro cuadro, Cristo llevando la Cruz, de Jerónimo Bosch. La escena es la misma para una multitud. Todos esos rostros indignados tienen el mismo objeto. Pero cado uno exhibe un script distinto de indignación: crueldad, desprecio, repugnancia, sadismo, horror.

Tomkins da el ejemplo del bebé que busca el pezón cuando se lo quitan en oposición a la criatura sin iniciativa que ante la misma situación se echa a dormir. Aquí podemos decir: Script innato versus script aprendido (*learned script*). Distinción muy cardinal para la personalidad que se ha de desarrollar. Hay los que parecen buscar las dificultades para enfrentarlas; hay los que ceden al primer tropiezo. (De paso, los pintores de anécdotas como esta en que un Jesús enfrenta a una multitud entusiasta, o arrobada, avergonzada, dolida, arrebatada, son expertos en scripts.)

Uno va formando y apacentando sus scripts para salir de males y disfrutar de bienes. Yo estoy viendo, mientras leo a Tomkins, esos *gentlemen* que aparecen en las películas entrando a voces en el cabaret, entregando el abrigo, la chistera y la bufanda a la chica del guardarropa, todo esto mientras recorren libidinosos los traseros en la sala de baile. O a esos guardianes sádicos de los orfanatos de Dickens mirando a los desgraciados pequeños recién llegados mientras acarician el látigo. Esas son gentes que tienen sus scripts muy bien instalados.

Supongo que a estas alturas los scripts estarán comenzando a mostrarse como lo que son: obviedad de obviedades. Es una característica de las cosas que nos muestran los genios.

Los scripts son cosas de uno, de cada quien; pero tienen que ver ordinariamente con los otros. Recuerdo una historia que me contaba un amigo que ya murió y que quise tanto en mis años de estudiante universitario. Un abogado se encuentra en un pueblo de provincias con un compañero de estudios que ejerce allí como juez local. "Y... ¿cómo van las cosas?", le pregunta. "Aquí estamos: Favoreciendo a los amigos, jodiendo a los enemigos y haciéndole justicia al resto". No sé de provincia en el mundo donde un juez no pueda aterrizar perfectamente con un equipo así de scripts.

Lo corriente con nosotros, personas comunes, es que no tengamos problemas de scripts para las situaciones comunes, pero que no sepamos qué hacer en las que no lo son. En la época del golpe militar, las cárceles de la dictadura desbordaban de personas desconcertadas. Y eso que se trataba de personas políticas, personas que profesaban ideologías donde si algo debe encontrarse "*scripted*" son las situaciones de riesgo, como el interrogatorio, la tortura, la cárcel y el paredón.

Se ve también a todas luces en el exilio, experiencia hecha por años de años por cientos de miles de chilenos a lo redondo del mundo. En otros países y culturas no demoró en patentarse la odiosa experiencia de la inoperatividad de las reglas a que estaban habituados. No quedaba más que terminar por adaptarse a las nuevas. Con este lenguaje que nos propone Tomkins podemos decir que todos los exiliados vemos nuestra cultura nativa de modo tan "*scripted*" como la que más. Y podemos, claro está, comparar. Por ejemplo, el alto grado en que la cultura sueca es una "*scripted culture*" en relación al bajo grado en que lo es la nuestra.

Los dichos, sentencias, refranes forman un dispensario de scripts. "En la duda abstente" es un script de primera mano cuando nos encontramos ante una situación problemática. "Vota con la mayoría" se puede apellidar el script de los oportunistas que nunca pierden. "Por la boca muere el pez" nos aconseja sujetar la lengua en una conversación peligrosa. "Más sabe el diablo por viejo que por diablo" no es mala advertencia contra la precipitación del hombre joven. "No por mucho madrugar amanece más temprano" no es mal somnífero para los intranquilos.

También nos sirven las sentencias y dichos para averiguar cómo andamos nosotros en materia de scripts. ¿"Has bien y no mires a quién"? ¿Cómo? Pero si yo no hago eso jamás. Todo lo contrario. "De dos caminos, elige siempre el más difícil". Eso lo hice una vez, pero fue la única. "A buen entendedor, pocas palabras". Vaya, esa no se me había ocurrido y no está nada de mal para sacarse de encima a los tontos. "Despacito por las piedras." Tampoco se me había ocurrido, aunque lo practico puntualmente. "Al toro por las astas y al hombre por la palabra". Es lo que siempre he dicho. Cuando el maestro dice: "Tanto va el cántaro al agua que al fin vuelve sin oreja", allá en un rincón de la sala un pequeño sonríe amargamente. ¡Con las veces que el padre lo ha llevado de la oreja a traer agua!

Las doctrinas conllevan scripts a manos llenas. Se dice que Napoleón decía que más importante que conocer sus fuerzas es conocer la filosofía del general adversario. Y leí de un general griego que venció a otro porque sabía que era pitagórico, de modo que iba a reforzar más a su ala derecha. Se dice que a Stalin le encantaban las películas de cowboy y que Kruschev no se atrevió a desenfundar en la crisis cubana de los misiles nucleares. El mismo Kruschev cuenta en sus memorias que no se desvistió en esos días, porque no quería que lo sorprendieran sin pantalones como le ocurrió al premier austríaco cuando los alemanes invadieron. "¡Eso, jamás!" ¡Vaya a uno a saber si la crisis cubana no se superó por el insomnio de Kruschev!

Este "¡Eso, jamás!" de Kruschev apunta como nada al amplio dominio de los hombres y sus scripts. Con todos los hombres que conocemos están al alcance de la mano sus "¡Eso, jamás!". Los que no van a presentarse ni por nada sin afeitarse, los que mudan todos los días de ropa interior, los que no dejan que le asome un pelo en la oreja, los que no van a mezclarse ni por nada con una criada, los que se lustran los zapatos todos los días, los que solo visten de negro, a la medida, con este sastre y ni por nada otro, los que no van a ir al cielo si no hay coñac, champán, caviar. Se cuenta que Tycho Brahe murió por aguantarse un gas en presencia de un emperador. Estamos en el dominio, también, de la relación *script y determinismo*. En cuántas ocasiones anticipamos una escena porque estamos al tanto de los "¡Eso jamás!" de uno o más de sus actores. Como un sello de script: "¡Eso, jamás!"

Los discursos con que nos fastidian los profesores primarios son chubascos imposibles de scripts de "educación cívica". Pero, cómo se graban en el niño. Yo, viejo y todo, sigo cediendo la vereda a mis "mayores" y dando toda la preferencia a las damas. Cuando estuve en Japón me molestaba sobre todo que los hombres entraran primero en el ascensor; y una vez no sé cuanto tuve que insistir para que una hermosa señora aceptara mi asiento en el metro. Cuando veo a los turistas europeos llevados en esos carros de mano, me vienen ganas de estrangularlos. Porque eso tienen también los scripts: que suelen estar impresos al hierro. ¿No han visto en las películas americanas esas escenas en que una dama se pone de pie? Todo lo súbito que lo haga, los varones se ponen de pie al tiro. ¿No es para quedarse pensando en el determinismo de los scripts? Y el automatismo. ¿Cuántas cosas de relevancia hacemos sin siquiera barruntar que hay un script que las dicta?

El niño se conduce en la escuela en función de scripts explícitos. Y también el conscripto en el regimiento, donde se opera un recambio casi completo de los scripts usuales.

Al recién ingresado a trabajar en una empresa o una usina es común que un compañero que lleva hace tiempo ya su cruz lo ponga al tanto de las reglas: de la llegada al trabajo, de la salida, de las rutinas, las excepciones, el carácter del jefe. En suma una serie de reglas para habérselas con situaciones nuevas y para con las que están por delante. Todo un script en la estricta definición de Tomkins: Un conjunto de reglas para habérselas con una serie indefinida de situaciones posibles.

Existen personas en el teatro, pero sobre todo en la realidad, cuyas conductas están como articuladas en un único motivo. El avaro de Moliere es una delicia. Pero fuera del teatro, los avaros reales llegan a la sublimidad. Se les puede caricaturizar: Costo 0%, ganancia, 100% (A mi me ocurre a veces, cuando a la entrada del teatro hay una belleza que se roció encima un perfume costosísimo y paradisíaco, que igual que Diógenes me estoy todo lo que puedo a su lado y hasta la sigo un poco calculando la cantidad de coronas que he inhalado gratis). Todos hablamos de la ambición en Macbeth, de la irresolución en Hamlet, de la misantropía en Timón. Decimos "Es un Quijote" y no hay más que agregar. Los miramos como sujetos de un único script: Un Casanova, un Sade, un Judas. Al uso y a la ligera, sin más aclaración.

Los consejos, claro está, son también ofertas para integrarse en "scripts". Tomkins observa que todos los "scripts" son incompletos porque, obviamente, no pueden anticipar todas las situaciones. Hamlet va a descargar el golpe sobre el odiado Claudio, cuando de pronto se da cuenta de que el muy bandido está orando. ¡Buen trabajo! Despachándolo va a enviarlo directamente al cielo. Algo así, en la preciosa oportunidad, no podía anticiparlo. Tampoco puede anticipar que se le suelte el mango de la hoja o que le caiga el techo encima. La incompletud de los "scripts" implica a cada rato que no sabemos a qué atenernos ante una situación con una diferencia no anticipada. Por ejemplo, que cuando vamos a conocer al padre de nuestra amada nos informan que es un poco sordo y bastante tartamudo, aunque se cree él mismo de un oído y una dicción excelentes. ¿Qué hacer? Mejor aconsejarnos con su misma hija o sus familiares. La incompletud de los "scripts" es el coto de caza de los escritores o su saco de trampas: a cada rato nos encontramos con que el script de un personaje se nos desarma.

Mi profesor de ética, Roberto Munizaga, hablaba de los distintos tipos de sujetos morales. Decía "hombres de concreto armado" por los que no cambian ni por nada y aplican a macha martillo sus reglas venga lo que venga. Y recuerdo también que buscando el nombre apropiado para el tipo opuesto de personalidad no podía encontrarlo, hasta que uno de mis compañeros dijo medio en broma: "¡Hombre de jalea!" y mi profesor quedó encantado con la denominación. No hay que decir que los hombres de concreto armado no son nada de recomendables. Forman en las legiones de comisarias y comisarios, inquisidoras e inquisidores.

También en mis tiempos de universitario, mis compañeros existencialistas tenían muchas frases que me dejaban con la boca un poquito abierta. Hablaban de "estarse a lo que se da", "ser en el mundo" y "ser para la muerte". Entendían la libertad como la esencia del ser del hombre (aunque les horrorizaba hablar de esencia). Sujetarse a una norma como el hombre de concreto armado, es decir, sin la posibilidad de abolirla y nadificarla cinco minutos después, hacía de uno una rata burguesa viscosa. Se encogían de hombros ante lo que fuera, sonreían despectivos y uno se sentía un perfecto idiota. Iban al cine, se colgaban de las ramas de los árboles, las niñitas al tanto los adoraban. No había para ellos pero ni una mota de script. Se estaban a lo que se da y a lo que les daba el papá.

En una sociedad como la mía (y se me ocurre que en cualquiera sociedad) prevalece el oportunismo o intercambismo del script. Se pasa veloz de uno a otro según requiere el caso. No abundan los hombres de concreto armado. La mayoría de jalea. Uno telefonea a su casa con un script; a su amante con otro; llora miserias con el prestamista; llueve propinas en el prostíbulo. En nuestras clases medias, el cambio de "scripts", yendo desde el pobre ambiente doméstico al ambiente radiante de la oficina, va de lo dramático a lo lamentable. En política, todos estudian a qué atenerse con el cambio de régimen. Pasar de un script a otro, cambiar de chaqueta. O dársela vuelta si no hay más que una.

Tomkins dice que los "scripts" se dividen y da el ejemplo del esposo francés que se maneja con distintas reglas con su mujercita dueña de la cocina y su amante dueña del boudoir. Creo que en casos así es preferible hablar de distintos "scripts". Ver al rector del liceo en el hipódromo, el prostíbulo o el casino queda mucho más claro con tres "scripts" que con solo uno.

En el intercambio de nuestro comercio social, es muy frecuente jugar con "scripts" alternativos como con las cartas de un naipe. Como lo sabe cualquier diplomático que se desplaza de un grupo a otro durante una recepción. Una dama nos dice que le fascina sor Teresa de Calcuta, que no puede tolerar la hipocresía, que la perdonen porque debe volar a la peluquería, que no le hablen de esos americanos imperialistas y que no duerme pensando en Camboya. Todo de un tirón y sin riesgo de que le partan la cabeza de un hachazo, porque no existen "scripts" para eso. Nada como un vendedor de tienda para deleitarse con la alternancia, disociación, complementación de "scripts". Como una sinfonía. Según los vaivenes del cliente, este género, es lejos el mejor; este otro, bueno, es importado, ¿no?; este tercero es de la partida anterior que ya no se fabrica más porque el precio está por debajo del costo; el cuarto, no cabe duda, está como especialmente fabricado para el señor.

Consideremos ese famoso Conde de Montecristo. ¿Verdad que parece persona de un único script? Aquí podemos hablar de script y subscript como hace Tomkins. De coordinación, subordinación de "scripts". Cada situación se controla de acuerdo a su propio script. Pero todas las situaciones están en función del motivo central: la venganza.

"Estarse a lo que se da" no es sólo cosa de meros petulantes. Uno piensa en los bombardeos de Irak, de Serbia, de Londres, de Berlín, de Hanói; las matanzas de Hitler, de Stalin, de Amín, de Pol Pot. En situaciones como estas, que rebasan el siglo que recién termina y amenazan obrar otro tanto con el que comienza, pareciera que el único script posible para el hombre común sería "estarse a lo que se da". Pero en esta actitud de estarse a lo que se da, si algo no hay es control; y justo el control es la característica central de todo script.

¿Y qué hay entre script e ideología? No sé cuantas definiciones habrá de la palabra ideología. Tomkins ofrece esta:

> Por ideología significaré cualquier conjunto organizado de ideas sobre las cuales los seres humanos son (a la vez) de lo más articulados y apasionados, de las cuales no hay evidencia aunque sus sostenedores están seguros. (*Exploring Affect*, p. 111.)

Y agrega en otra parte:

Los "scripts" ideológicos tienden a suministrar orientación general sobre el lugar de los seres humanos en el cosmos y la sociedad en que viven, una explicación de sus valores centrales, guía para su realización, sanciones para su cumplimiento y su violación, y justificación y celebración de cómo la vida debe ser vivida de aquí a la eternidad. (*Affect Imagery Consciousness*, vol. 3. p. 229.)

Dice finalmente de estos "scripts" ideológicos que los heredamos "por ser miembros de una civilización, una religión, un género, una edad, una institución, una clase, una región, una familia, una profesión o una escuela". Y que "representan las diferentes especies de fe por las cuales los seres humanos viven y, ay, mueren. Son los agentes principales de vinculación, diferenciación y división".

La simiente o mejor la tierra abonada para el surgimiento de las ideologías se formaría según nuestro autor en la familia. Los padres pueden tener entera, tener a medias, tener en trozos o fragmentos una ideología compartida o no. De este material asimilado en la crianza se forma en los hijos lo que Tomkins llama "posturas ideo-afectivas" (*ideo-affective postures*). En función de este material responde el individuo a las ideologías que existen ya desde mucho antes de que venga al mundo. (*Exploing Affect*, ps. 116-7.)

Dije al comienzo de este capítulo que no estoy muy seguro de entender con claridad el concepto de script en Tomkins. Y es por dos puntos: lo que llama él script innato y la relación entre script e ideología. Pero, ya se verá.

Por ahora y gracias al método de exposición que he seguido, invirtiendo el que sigue Tomkins, y poniendo a granel ejemplos de "scripts", confío en que el concepto no sea ningún misterio para el lector. Antes, lo contrario: El hombre y sus relaciones, su comportamiento y su personalidad se habrán llenado de "scripts" para él. Bien poco hace uno yendo entre los hombres sin por lo menos un script en cada situación. En general, se puede decir: "Sabemos a qué atenernos ante lo que se presente en la medida en que lo que se presente sea una instancia más de una clase que sabemos controlar mediante una o más reglas." Y eso es, en general, todo el asunto con los "scripts". Además, en nuestra vida ordinaria, la verdad es que pocas veces nos sentimos descontrolados.

Se considera que un signo grande de libertad en el hombre reside en su capacidad de establecer leyes y luego someterse a ellas. En abstracto y en filosofía, así será; aunque para los miles de millones de miserables que pueblan nuestro mundo, quizás qué será. Con los "scripts" parece no ser tan vago: uno se conduce de acuerdo a reglas, cierto, pero también puede levantarse y mandarse mudar sin que le dé un pito de nadie. Así, con el script las cosas pueden no ser tan "filosóficas"; pero se trata de una manipulación real, y no ideológica, de los opuestos, determinismo y libertad. Aunque ni con mucho siempre, yo decido mi determinismo: cuál determinismo y en qué condiciones. "Señora mía, ni siquiera lo insinúe, porque soy su esclavo".

¿Pero si, paso con paso, me encuentro en un punto en que soy su esclavo a la letra? No sólo eso: Me voy consumiendo sin remedio en mi esclavitud y ella se va enfriando en igual o peor medida. Algo así no hay que ser un sujeto especial para que ocurra. Hasta no es exagerado decir que ocurre dos veces por cuadra. De acuerdo a Tomkins y de acuerdo a medio mundo, estamos aquí ante un script que ya no controlo, sino que me controla a mí, un script que de óptimo pasó pésimo y, por si fuera poco, que de mero script pasó a "script nuclear": uno lucha por restablecer la situación paradisíaca inicial, recobra por un tiempo unas pocas sonrisas de la pérfida, para caer de nuevo y más hondo en el infierno de su indiferencia. También aquí resulta muy obvio todo lo que nos dice Tomkins en páginas y páginas. ¿Qué ocurre en una situación así? Después de los lloros y protestas que no conducen a más que la vuelta al mismo giro puedo escuchar a un Mercucio que dice a su amigo Romeo que languidece de amor por su Rosalina: "Un fuego apaga otro fuego." Si esto no resulta para nada, puedo hacer como dice mi papá: Irme al sur a pescar truchas; o como dice mi mamá: ir a Europa a recorrer museos. Si todavía no resulta, puedo dedicarme al alcohol como en los tangos y terminar con el hígado podrido en la sala común de un hospital de suburbio, como los poetas románticos.

O considérese el caso de una personalidad que analiza en extenso Tomkins. El caso, por lo que leo y veo en películas, no tan infrecuente de hombres que tienen un problema serio de identidad sexual y que terminan identificándose como homosexuales. Las cosas para estas personas pueden seguir sin más problemas que los corrientes prejuicios sociales y no sólo avenirse sino sentirse más que bien una vez aventadas las nubes de la ambigüedad. Hasta aquí, algo había con sus reglas ante las situaciones sexuales que no estaba claro y que preocupaba mucho. El script de la aproximación sexual estaba impedido de explicitarse libremente por la ambigüedad entre los géneros sexuales. Pero ya no es así. De paso, Freud nos dice que durante un período en el niño es siempre así. Y parece cierto. Recuerdo que todos nos enamorábamos del niño más hermoso en los primeros años de escuela.

Pero suele no ocurrir la aceptación de la homosexualidad por la persona afectada. Esta no acepta ni por nada avenirse con su condición y lucha por torcerla. Con vistas a esto recurre a estrategias de evasión, de reparo, de oposición logrando eventualmente remediar su desgracia, solo que para volver a caer en ella más hondo todavía. En esta lucha de etapa en etapa, no es infrecuente que la persona termine en el suicidio.

Tomkins no se refiere al caso frecuente del viejo corruptor. Distinguido, adinerado, delicado, busca su presa entre los adolescentes hermosos como Apolo y pobres más que Diógenes. Seguramente, muchos de estos jóvenes pasan la etapa con cicatrices superficiales. Pero hay también los que tratan inútilmente de volar con lo que les queda de alas. Es un conflicto nuclear entre la natural masculinidad y la aceptación cobarde de la corrupción que, aunque pertenezca al pasado, llena la vida con tal desgracia, que suele terminar con el suicidio de estos seres dignos de compasión. He conocido más de un caso.

Tomkins considera por extenso los casos de Wittgenstein, Marx, Chejov y Hemingway como ejemplos hasta paradigmáticos de "script nuclear". Wittgenstein habría vivido el conflicto de homosexualidad de que se habló; Marx, el conflicto de apelar a la destrucción del mundo burgués al que pertenecía su muy amado padre; Chejov el conflicto entre la imagen odiada y benigna de un padre al que trató de imitar en ambas funciones; y Hemingway un pseudo problema de identidad de género causado por una madre que lo mantuvo vestido de niña y con rizos hasta demasiado tarde en su niñez. También se ocupa del "script nuclear" en Freud. El "script nuclear" parece real, amplísimo y muy grave. Pero, los análisis de estos ejemplos de Tomkins son de tal fantasía literaria que me llevaron muy seriamente a preguntarme qué significaba finalmente este autor por la palabra script.

Tomkins habla de situaciones fortuitas, transeúntes, donde no hay que buscar el script, porque no hay ninguno. Como intercambiar dos frases con el amigo al pasar, supongo, como hojear un libro, asistir a un espectáculo, dar un vistazo a la prensa, atender misa, clases, mítines políticos mirándose las uñas. Hasta piensa que de tal manera superan en nuestra vida las situaciones fortuitas a las "*scripted situations*" que bien cabe preguntarse si no vivimos en un mundo de mera frivolidad. "Estarse a lo que se da", como veíamos. Cabe también mirar hacia el extremo opuesto: Quiero decir, hacia el extremo donde todo está como de suyo y sin cuestionamiento "*scripted*". Y también sin que uno repare en que lo está. Se ve clarísimo en el caso del exilio masivo durante la dictadura. Estábamos todos culturalmente "*scripted*" sin darnos cuenta. Tanto era así que en Suecia los encargados de los miles de exiliados tenían que decirnos cómo se llamaba la perplejidad que padecíamos: se llamaba "problema de identidad cultural". Los suecos se encargarían de resolverlo. Que no nos preocupáramos, ellos lo harían puntualmente. Han pasado casi treinta años y no sólo no lo resuelven sino que están más enredados que nunca. Y no sólo con los exilados chilenos sino con el más de un millón de inmigrantes venidos de todas partes. Tanto es así que ya se están olvidando de la integración cultural y llamando a su propia sociedad una sociedad multicultural. En la Suecia actual, los católicos construyen sus iglesias, los musulmanes sus mezquitas, los sudasiáticos llenan las plazas instalando sus bazares. Pero, esta es otra historia.

La implicación que aquí importa de la experiencia del exilio chileno es la manifestación por el reverso de la cultura chilena. Hasta entonces, estábamos convencidos que la cultura era cosa de las clases altas y que el resto o casi todos no éramos más que mestizos mugrientos. Ahora, la cultura de la clase alta no es más que imitación o traspaso de las culturas que poseían los grupos desposeídos que fueron desde España, Francia, Italia, Inglaterra, Alemania al continente americano. La cultura real es la de la gente común y desde que existe es allí donde hay que buscar los "scripts" culturales de que habla Tomkins, los "scripts" que como nos parece forman una amplia red de reglas asumidas sin más, aceptadas sin más en nuestra crianza, venga de donde venga. Pienso que estos "scripts" importan, y no poco, cuando consideramos cómo se construye nuestra personalidad.

De modo que también pudimos hacer fácil camino hacia la *Script Theory* de Tomkins partiendo de obviedades sabidas de todos en una cultura como la nuestra. ¿Ideología cultural? ¡Pero si está al alcance de todos y al detalle! La ideología religiosa encarnada por nuestra Santa Madre Iglesia Católica Apostólica y Romana, sobre todo como es llevada a su concreción por nuestras madres benditas. Desde que el niño nace, la madre sabe a qué atenerse guiada indefectiblemente por su credo que separa tajantemente lo que está bien de lo que está mal, sea en la cama, sea en la mesa, sea en la escuela. De paso, en nuestra cultura católica (si vamos a responder al cuestionario polar de Tomkins) el recién nacido viene malo, muy malo. Otra vez Darío:

> En el hombre existe
> mala levadura:
> cuando nace viene con pecado, es triste,
> mas, el alma simple de la bestia es pura.

Para purificar al niño, se recurre al bautizo que es un baño simbólico. Nuestra santa madre no duerme mientras no estamos bautizados (es decir, ni somos católicos ni tenemos opción ninguna a la vida eterna).

La Iglesia nos entrega una enumeración exacta de todos los vicios. Y como los repudia todos, no hay problemas de script allí donde aparecen. Y si resultan de difícil identificación muchas veces, ahí está el guía espiritual que visita a la familia o que aguarda en la iglesia para responder a las preguntas. Están ante todo y como encabezamientos de todos los "scripts" los diez mandamientos. Un católico practicante no puede obedecer script ninguno que sea incompatible con los mandamientos dictados por Dios mismo. Si se agregan los mandamientos de la Santa Iglesia (no recuerdo sino "Dad de comer al hambriento", "Dad de beber al sediento", "Dad posada al peregrino", "Visitad a los enfermos") la verdad es que tenemos que andar con mucho cuidado con nuestros "scripts".

Seguramente, en nuestra sociedad católica medio mundo hace risa a cada rato de este aparato de prescripciones. Pero, risas o veras, está presente en todas las situaciones por las que nos toca pasar, y característicamente somos conscientes de sus reglas, sigámoslas o no.

Dijimos que para Tomkins existen "scripts innatos" y "scripts aprendidos" ("*innate and learned scripts*"). Por los muchos ejemplos que hemos dado, los "scripts" aprendidos se revelan como una obviedad. Existen además en número indecible. Cada quien, para empezar, con su equipo personal de "scripts". Sus especies, subespecies, variedades sin término se puede decir que han sido cultivadas, perfeccionadas, multiplicadas, desde que existe el hombre como animal social. La novedad con este autor es la postulación de "scripts innatos" a partir de los cuales se forman los aprendidos.

Volvamos al pequeño que patalea en el suelo del supermercado por sus caramelos preferidos (los mismos que chupa Súper-Pato en los comerciales de su televisión). Notamos ante una escena así que la noción de script adquirido a partir de script innato no parece inadecuada. Si el niño está innatamente dotado (como se aprecia por sus berridos, tensiones y movimientos en el momento mismo de nacer) para transformar una mala escena en buena y en su favor, podemos suponer que el resultado, favorable una vez, favorable la vez siguiente, y la siguiente reforzará el script innato. Y es de esperar que lo adaptará y lo transformará adaptándolo más todavía a situaciones análogas. En el supermercado de nuestro ejemplo, el niño captará a la primera la distinción público-privado viendo que la madre se apresura en satisfacerlo (para evitarse la vergüenza de la atención de todos y así su propia exposición). Puede con igual probabilidad ocurrir lo contrario: que el pequeño sea sacudido con violencia y sea él quien experimenta la vergüenza. En ambos casos encontramos el anticipo de una amplia y muy importante diferencia: la persona que se sale siempre con la suya y la persona que al primer tropiezo va a retroceder con timidez.

Así, postulada la innatez de los "scripts" originarios, no hay dificultad en aceptar los "scripts" aprendidos a partir de ellos. Y la fuerza de la evidencia que ofrece Tomkins inclina a postularlos.

Innatez, eso sí, no indica una condición "ultraterrena" sino respuestas adaptadas a lo largo del proceso evolutivo. Tomkins mismo lo concibe así. Si lo pongo por explícito es por un pasaje en que este autor habla de la experiencia como la concebía Kant comparando la mente con

> ... un vaso que imprime su forma a todo líquido vertido en él. De modo que tiempo, espacio, causalidad, pensaba él, (Kant) son construcciones de la mente humana que imprimen las categorías de la pura razón sobre la cosa-en-sí exterior cuya naturaleza nos escapa para siempre.

A esta representación agrega Tomkins otra de su factura, que considera igual de importante y que Kant "pasó por alto":

> Lo que estoy sugiriendo es que se olvidó de un mecanismo mayor de filtración: el afecto innato que

necesariamente colora nuestra experiencia del mundo, no sólo constituyendo una especial categorización de toda experiencia, sino constituyendo un conjunto básico de imperativos categóricos que amplifican no sólo lo que antecede y activa cada afecto, sino que amplifica también la siguiente respuesta producida por los afectos. (*Exploring Affect*, ps. 95-6)

Desde luego, estas representaciones ayudan a comprender lo que entiende Tomkins por script. Pero, ¿nos está sugiriendo un mecanismo innato de formas afectivas "a la Kant"? Patentemente no. Justamente en este paralelo con Kant tendría que encargarse Tomkins de enfatizar lo que quiere él decir con "innato", que no es ni por nada (y todo por el contrario) lo que quiere decir Kant.

- 4 -

Recuerdo ese gato mostrenco que descendía de los techos y se acercaba aleve a la ventana de mi estudio. Cuando lo hacía mirándome a través de los vidrios hosco y hambriento, iba al refrigerador y cortaba un trozo de carne. Abría la ventana y alargaba la apetitosa ofrenda entre el pulgar y el índice. El micifuz se acercaba, se detenía, se relamía. Se estaba mirándome, se acercaba más, más. Pero la máxima aproximación no era suficiente. Y ahí soltaba mi gato un maullido que le salía de las entrañas y que me sirvió para agregar a mi curso de lógica un seminario de dialéctica. Era la resolución en un horrible maullido del hambre y el temor.

Un principio semejante implica la dinámica de lo que Tomkins llama *"nuclear script"*. Felices, llevamos una vida de delicias y satisfacciones a granel. De pronto, alguien irrumpe en el paraíso y lo trastoca todo. De buena, la vida pasó de un salto a mala. Por ejemplo, cuando un amigo amado se vuelve bruscamente hacia nosotros puñal en mano. O en lugar de un Bruto, como esa Crésida que traiciona a Troilo de un segundo para el que sigue. Entonces, ¿no hay amistad? ¿No hay amor? Todo cambió del cielo al infierno.

¿Qué hace el amante traicionado? Despacha al rival de un balazo, a la ingrata de otro, a sí mismo de un tercero. O se vuelve a casa, se acuesta vuelto contra la pared y ahorra tres balas. Pero, parece que la alternativa más frecuente es otra: recuperar a la traidora a cualquier precio en sacrificios, desvelos, humillaciones. Sólo que no hay manera. Como a esa Carmen de la famosa ópera recobra uno a la traidora: para volver a perderla, volver a ganarla, volver a perderla. Y así adelante, sin parar y sin esperanza de restaurar el paraíso perdido. Nuestro hombre se ha construido un "script nuclear": no puede renunciar al calor de su pecho; no puede enfrentar el dolor de la decepción. Pero lo enfrenta; y la historia se repite y repite.

O un ejemplo más del gusto de los psiquiatras: El pequeño vive feliz en el lecho de su madre. ¡Toda su madre para él! De pronto, entra ese ogro inmundo que lo echa fuera y se mete él en su lugar. ¡Y con el alegre consentimiento de ella! ¡Esa sí que es grande! ¡Esa sí que es traición! ¡La mujer más adorada transformada en la canalla más grande! Todo el día siguiente, el pequeño lucha por recobrar la escena de delicias. Lo logra plenamente por fin cuando allá a parece el ogro otra vez. Y así adelante todos los días sin parar. ¡Cómo hacer para matarlo sin arriesgar el pellejo!

Tomkins dice que la formación de un script nuclear exige alteración fuerte y reiterada entre la buena y la mala escena. Debe haber también de parte del afectado, la capacidad de construir lo que este autor llama "análogos". Así, el pequeño va identificar infalible al nuevo ogro que viene a encontrarse con su nana cuando esta lo saca al parque, o al que viene a encontrarse con su "tía" en el jardín infantil. O se encuentra feliz dibujando con su linda mamá en miniatura cuando allá aparece el odiado ogro que se la arranca de su lado con el imán de esa hermosa y enorme caja de lápices de colores. Siebel recoge feliz las flores del bosque para su Margarita cuando allá aparece el ogro-Fausto con su joyero repleto de diamantes. O con su Cadillac y al mismo Diablo de chofer. ¡Ah, todas las mujeres son iguales! ¡Todas, todas!

Los "análogos" suelen ser más abstractos, simbólicos, inconscientes. Tomkins cuenta de un paciente cuyo script nuclear comenzó a formarse con el hermanito que trae al mundo la traidora de su madre. Hombre maduro ya, una mañana de primavera, va feliz en su flamante coche por un camino recién inaugurado. ¡Qué hermoso, qué radiante todo! ¡El cielo azul, los verdes prados, los árboles en flor! Un paisaje de tarjeta postal. De pronto, en sentido contrario, feo ruidoso, gigantesco, aparece un trailer inundando el aire de smog y sonando estridente su sirena. ¿Qué hace aquí ese monstruo de vehículo? Siente una honda depresión. Demasiado honda para su causa manifiesta. "Característicamente", dice Tomkins, "no sabe por qué siente lo que siente".

Lo que ocurre es que esta persona ha llegado a un extremo de habilidad en detectar análogos de la escena nuclear original, que los detecta por cientos. Casi todos sin percatarse. Aquí, el trailer irrumpiendo en el paisaje idílico no es más que un nuevo análogo de ese odioso rival suyo, ese hermanito con que su madre lo traicionó.

A propósito de analogía — categoría central en la elaboración de Tomkins — distingue este autor entre dos maneras de pensar (*ways of thinking*):

> Una procede de acuerdo al principio de variación (*variant*); la otra, de acuerdo al principio de analogía. Una variación es una manera de detectar el cambio en algo que en su esencia (*core*) permanece idéntico. Así, si nuestra señora lleva un vestido nuevo, no le decimos: "Se ve usted muy parecida a mi esposa", sino: "Me gusta tu nuevo vestido".

> Escenas predominantemente positivas en afecto se conectan así y crecen de acuerdo al principio clásico de la variedad en la diversidad. Así, una sinfonía se escribe y se aprecia

como un conjunto de variaciones de un tema. Así, el interés por un amigo o el dominio de alguna habilidad puede crecer indefinidamente gracias a las variaciones de un núcleo subyacente que no cambia. Es de la esencia de la amistad disfrutar de tiempo en tiempo la puesta en escena de una historia común.

Contrástese este modo de razonar con el principio de formación de análogos que, aunque empleado también al tratar con afectos positivos, es más frecuente y poderoso en el trato de las escenas de afectos negativos. (*Exploring Affects*, ps. 384-5.)

Uno ve venir a su adorada damisela por los jardines del parque en la mañana de sol en su vestido nuevo. ¡Qué cierto! Es la misma belleza en variación. ¡Y cómo es también más bella todavía! ¡Y cómo deseo verla, volver a verla y volver y volver y volver a verla! La espero en nuestro banco diciéndome: "¡No puede hoy ser más bella que ayer!" Y allá aparece, ¡y es más bella!

En cuanto a la amplificación mediante analogía, ya vimos el ejemplo que el mismo Tomkins da. La mala escena — la mala madre que nos aturde con el "obsequio" de un nuevo hijo — se amplifica y crece por este mecanismo del análogo. La vida de este señor, que no ha querido avenirse con la llegada devastadora de su hermano y que insiste en expulsarlo de su vida y recuperar su madre sólo para sí, comienza a funcionar como un vertedero de análogos que le hacen revivir y revivir la escena nuclear inicial. Supongo que nos ocurre a todos y con más frecuencia que la detectada: Que nos hacemos cargo de una nueva situación en términos de otra. "¡Ah, en estas me he visto yo!"

O podemos recurrir a la asistencia analógica del diapasón (ese productor a granel de análogos acústicos): la nueva escena se interpreta, valora e identifica por la resonancia que produce en la escena original.

Se ve también con claridad, que sin repetición no hay amplificación; y que deben darse ambas, repetición y amplificación, para que se forme un script.

Es claro también que — sin tener que recurrir a cosa que se parezca a la palabra script — de mil modos procedemos en nuestra conducta postulando reglas de esta especie. Los consejos de la madre al hijo cuando va a la escuela, los del padre cuando va al servicio militar, los del compañero de trabajo cuando debe enfrentar al jefe, los del colega cuando se inicia en la carrera, etc., suponen en amplia medida que los hombres se atienen a reglas, no tanto como, pero muy como, verdaderas máquinas.

En fin, que se entienden también:

a) La idea de la personalidad como una construcción de "scripts".

b) La idea de una personalidad en que un script prevalezca de tal modo que podamos hablar de hombres de sólo un script — como un Conde de Montecristo, un don Juan, un Fidel Castro, Pol Pot, un Pablo de Tarso.

c) Que en una misma personalidad diferentes "scripts" se complementen (como en Francisco de Asís), se hagan guerra (como en un Otelo), que un script termine por triunfar sobre otro (como en un Lutero).

d) Que la familia sea la fragua en que se forman los "scripts" fundamentales de la personalidad.

e) Que la escuela, la iglesia, la secta, el partido, sean en esto sucedáneos de la familia.

f) Que de la pertenencia de un individuo a un partido, una iglesia, etc., podamos anticipar no poco sobre su personalidad o su *scripted figure*.

g) Que una entera cultura (alemana, japonesa, inglesa, etc.) permita muchas veces ser caracterizada por el tipo de personalidad que produce ordinariamente — sean sus "scripts" los del honor, el desprecio, el desafío, la cobardía, la sumisión, etc.

Textos de Tomkins citados:

Tomkins, Silvan, 1991. *Affect Imagery Consciousness. Vol. 3. The Negative Affects: Anger and Fear*. 1991. Springer Publishing Company, LLC.

-- 1995. *Exploring Affect. The Selected Writings of Silvan Tomkins (Studies in Emotion and Social Interaction)*. Cambridge University Press.

II

Carta sobre el *"nuclear script"* de Tomkins

Querida amiga:

¿Qué me lleva a releer acerca de las musas al intentar los inicios de esta carta? Es que me ha venido una idea a la cabeza.
Buscando la persona más apropiada para exponerla me arrinconan las reducciones:

Primero, a una dama (aunque a un varón también podría ser);

Segundo, a una dama que esté presente con vividez en mi memoria;

Tercero, a una dama que sepa comprender;

Cuarto, a una dama que se interese en lo que tengo que decir.

De todo lo cual sólo lo último me parece problemático, aunque nada del otro mundo, considerada la precariedad que me adorna.

Pero, todo esto, ¿qué tiene que ver con las musas? Ya le dije: una idea que me vino a la cabeza.

Los antiguos artistas griegos creían que cuando obraban en bellas artes eran de verdad las musas quienes lo hacían; y no ellos, que solo servían como instrumentos al canto de las diosas. Cuando Homero dice: "Del hijo de Peleo, ¡canta, diosa!" habla a la letra. Apela a Calíope para que esta se digne emplear la lira y la garganta de un mortal en el relato de las proezas de Aquiles. Y yo pienso que debiéramos prestar atención a una noción como esta. Cuando digo que me ha venido una idea a la cabeza, ¿no sería más apropiado decir que la musa Calíope habla (o será más del caso decir Melpómene, la trágica?) empleando para ello mi cerebro? Porque debe usted reconocer, en estas alturas del saber a que hemos llegado, que decir "una idea me ha venido a la cabeza" es tan estúpido como decir "un Pegaso se metió en mi tintero" o, para redondear la paradoja, "un clestrófogo me burrunfó la nífera".

Pero, en fin, Dios me perdone, y hable yo lo que pueda aunque no sea mucho lo que le diga.

* * *

Me ha venido, pues, le repito y repito, una idea a la cabeza. Pero, antes de exponérsela y cuidadoso como me ha vuelto el trato de Calíope, Polimnia y Melpómene, sin decir nada de la sublime Urania, quiero hablarle de una criba o cuestionario que se empleaba en las escuelas antiguas de la enseñanza primaria y del que llegué a saber gracias a Agustín (a quien Dios, no sea más que por eso, tenga en su Santo Reino). Y esta criba consiste en someter a tres preguntas cualquiera cosa que nos venga a la cabeza. Son estas:

Primera: Si la cosa en cuestión existe;

Segunda: Qué es;

Tercera: De qué especie es.

Para que vea usted cómo entiendo este cuestionario, voy a darle mi ejemplo predilecto: Se trata de las puertas. No creo que a nadie le va a pasar por la cabeza preguntar si las puertas existen; de modo que la primera compuerta de nuestra criba es aquí innecesaria.

Con la segunda, ya no es lo mismo y hasta puedo confiarle que, siquiera en mi caso, me tomó algún tiempo darme cuenta de qué son las puertas. Porque no es llegar y ver que las puertas son justo lo contrario de lo que parecen ser. Lo que quiero decir es que las puertas nos parecen ser lo contrario de muro; pero, vea usted, justamente eso son, muros.

— ¡Qué dice usted! ¿Muros?

— ¡Sí, muros!

— ¡Santo Dios! Pero, ¿qué especie de muros?

Y ahí va la respuesta a la tercera pregunta:

— Muros giratorios. No tiene más que abrirme la puerta para darme razón.

* * *

Pero, ¡ay, señora mía, si fuera siempre así de sencillo el empleo de nuestra criba! Por ejemplo, hay una cosa que se llama hombre. Intente usted aplicar a esa cosa nuestra criba:

— ¿Existen, en efecto, los hombres?

— Pero, ¡si basta mirarlos!

— Y ¿qué son los hombres?

— Animales son, ¿que no los está viendo?

— Y ¿qué especie de animales?

— Bueno... Son animales ra... cionales, con perdón de usted.

— ¿Racionales? ¿De dónde sacó eso? ¡Si los hombres se matan entre ellos por millones! ¡Racionales! ¡No sea ridículo!

— ¡Muy cierto!

— Y, estando en ello, ¿sabe usted por qué se matan?

— Una parte de ellos cree que el mote se come con huesillos; la otra que ¡no, de ninguna manera! Para ellos, son los huesillos los que se comen con mote.

— ¡Dios nos libre y nos favorezca! ¿De qué especie es esa gente?

— Usted misma lo implica: Tratando de responder a la tercera pregunta, encontramos que no hay una especie única a que los hombres pertenezcan. Lo que viene a resultar en que propiamente no hay hombres. Y como no hay hombres, ¿qué sentido tiene preguntarse qué son? Igual sería preguntar qué son los hipogrifos.

* * *

Pero, antes de seguir, déjeme que le hable de un sicólogo. Se llama Silvan Tomkins. Nos cuenta este hombre de la fuerte impresión que le produjo asistir al nacimiento de su primer hijo; estrictamente, al momento mismo en que el pobrecito salió al mundo. Era una lástima de ver, nos dice Tomkins. La criatura chillaba, se retorcía y pataleaba furiosa, como si gritara a todos los presentes: "¿Cómo pueden hacerme esto? ¡Vamos, muévanse, hagan algo! ¡Esto no está nada de bien!"

De un caso así indujo Tomkins que existía un "guión innato" (*innate script*): Ya antes de nacer, viene el ser humano armado y presto para reaccionar ante el malestar, el desagrado, el dolor.

Una idea como ésta — la impronta innata de un guión afectivo — la verifica Tomkins a carta cabal (hasta donde un lego como yo puede apreciar). Tengo entendido que cumplió este trabajo a través de años y años de formidable esfuerzo, aunque otros piensan que no de nones.

Pero, por encima de juicios escépticos sobre afectos innatos, la noción general de un guión (script) que da cuenta de cada una de las escenas en que actuamos nuestra vida, me parece a mí adecuada y esencialmente verdadera. En cada escena de la vida en que nos toca intervenir, seguimos reglas, sea explícita, sea implícitamente; lo que se muestra de modo especial cuando las condiciones de la escena las conmueven, las impiden o hasta las marginan.

Este es uno de los ejemplos que se me ocurrieron a la primera para explicar a un par de amigos la idea general de Silvan Tomkins sobre el guión (script):

Estoy de visita, sentado en el living, conversando con los esposos de una familia amiga muy querida. De pronto, suena el timbre y el esposo sale a abrir. Irrumpe estridente desde el vestíbulo la voz de una persona que conozco muy bien y detesto muy mejor. ¡Santo Señor del Cielo! ¿Qué hacer? ¡Si sólo apareciera Lenin a indicarme qué! ¿Habrá una salida por el fondo? ¿Y si me lanzo por la ventana?

Pero, no hago nada de esto, sino que prestamente me levanto cuando este invitado inoportuno entra al living y, cumplido hipócrita, saco a lucir la más podrida de mis sonrisas: "¿Cómo está, usted? ¡Qué... qué grata sorpresa!"

¿Imagina usted los cientos de miles de sonrisas así que iluminan el living de nuestros departamentos todos los viernes por la noche? Y sin decir nada del resto de la semana. Ni de otras especies de sonrisas.

En fin, ya ve usted que es muy simple: En cada una, hasta la más nimia, de las escenas en que nos toca actuar, seguimos reglas, lo que se muestra toda vez que algo inusitado ocurre y por lo cual debemos cambiarlas o modificarlas para salir de *"l'impasse"* o callejón aparentemente sin salida.

Los sicólogos mismos (supongo que en mucho por la vergüenza que sienten) reconocen más de una vez que están dedicadamente estableciendo verdades que vienen más que sabidas desde que el hombre es hombre. Ejemplo a punto: esa enorme alegoría de la vida como un teatro, un escenario, un drama, una comedia donde hasta el último de los pobres diablos juega un papel, desempeña un rol, antes de que baje el telón, cese la agitación y todos los espectadores se vuelvan a dormir en sus respectivas tumbas. Toda esa imaginería escénica, en fin, fue por siempre el campo trillado y vuelto a trillar de retóricos y poetas. A cada rato nos están diciendo: "Cíñete al papel que te corresponde", "No te salgas del libreto", "No te dejes deslumbrar por las candilejas". O como selló César Augusto: "*Comedia finita est*".

De manera que... ninguna novedad en esto de los "*scripts*" o guiones.

Pero mucha utilidad. Por ejemplo, esta noción de "guión" (*script*) como es presentada por Tomkins se presta a regalo para despachar de una vez las interminables disquisiciones sobre la "personalidad": qué es, dónde reside, cómo se origina. En términos de "guión", la personalidad no sería más que el conjunto abierto de guiones que adopta el individuo para sortear las escenas en que actúa durante su vida, en especial las escenas hostiles.

Ni más ni menos y Dios me asista.

* * *

Silvan Tomkins da especial consideración al que aquí podríamos llamar "guión nuclear" (*nuclear script*, dice él). Como lo entiendo, los "guiones nucleares" son complejos de dos o más guiones que se repelen mutuamente, pero que así y todo van con nosotros vinculados por largos períodos de nuestra existencia, acompañándonos a veces hasta la misma tumba.

Acaso, aclaren esta noción los ejemplos que pone el mismo autor, que son los guiones nucleares de Wittgenstein y Marx. ¡Nada menos! En el caso del primero, se trataría de sus impulsos sexuales antagónicos irresueltos; en el de Marx, la fijación a un padre burgués y su vocación en favor del proletariado. ¿Qué me dice?

Con los guiones nucleares (*nuclear scripts*) experimentamos también ese sentimiento de obviedad que le digo, nada de infrecuente en el ámbito de las ciencias sociales. Casi como si nos estuvieran tomando el pelo. ¿Quién no vivió y padeció en más de una forma esa experiencia, ese ir y venir entre extremos que nunca terminan de avenirse y dejarnos por fin en paz? Impulsos, sentimientos, pensamientos, pasiones sobre todo, se dan y hacen valer en la misma persona agitándola tantas veces hasta la desesperación y las ganas de lanzarse por la borda y ¡buenas noches!

Nada nuevo, pues.

Así y todo... Déjeme que le cuente algo que me ocurre por años de años y que muchas veces me pone en tal extremo de culpa y vergüenza que me veo obligado a ponerlo aparte a riesgo de no poder continuar. Se trata de un problema que va a una con mi vida de exiliado. Por años de años he vivido exiliado en Suecia, país que ocupa uno de los lugares más altos en el mundo industrial. Viven los suecos de la explotación del mercado internacional. Venden celulosa. ¡Bah, venden mantequilla, si es por vender! Pero... pero venden armas también. ¡Y cuántas y de cuántas especies! Dinamita, cañones, bazucas, submarinos, *fighters*, tanques, acorazados. De modo que su alto estándar de vida se sostiene de la guerra efectiva o potencial...

¿Y qué hay, pues, conmigo y todo mi alegato político contra las mil formas de la explotación? Lo que hay es obvio: que tengo el mismo estándar de vida de los suecos, y financiado por las mismas fuentes de explotación sueca del mercado mundial.

Si este no es un ejemplo de guión nuclear, corríjame usted y le quedaré eternamente agradecido.

Y me pregunto yo, ¿no debo agregar a este embrollo nuclear, que se me atasca en la garganta cada vez que me llevo la cuchara a la boca, el que padecen igual millones y millones de pobres diablos que escaparon como pudieron de los países pobres y que viven ahora banqueteándose a costa de la explotación de los mismos países que dejaron atrás?

Ahora, recién, hojeo una revista americana y en la sección cartas encuentro dos que vienen a punto. Una, se refiere a los doctores que se forman en Sudáfrica con el presupuesto de ese país y que en lugar de servir a los seres enfermos y miserables que lo habitan se van a USA o Europa a ganar lindos sueldos y a "veranearse" lindas rubias en la Riviera. Y dígame, ¿no se les producirá a estos hombres un poquitín de cosa nuclear en el alma? En la otra carta, se denuncia el efecto de una ley americana contra los inmigrantes gracias a la cual miles de delincuentes que son expulsados van a llenar de crímenes las ciudades de los países centroamericanos. ¿Tampoco les ocurrirá nada de nuclear en el alma a estos políticos, juristas y expertos sociales que lanzan su basura al Tercer Mundo desde la terraza de sus encumbrados rascacielos?

Pero, permítame todavía otro ejemplo. El último, le prometo. Se trata de mis compatriotas que vivieron los años del terror y la dictadura. Pero, no solamente de los que padecieron, sino de todos, pacientes y agentes.

¡Cómo hacer para exponerlo bien! Acaso el asunto se presenta difícil porque trato de abarcar mucho. Lo mejor es que empiece contándole de dónde proviene esta comunicación que trato de impartirle. ¿Recuerda usted ese plebiscito en que se decidió sobre si el dictador Pinochet seguía o no seguía al mando de nuestro gobierno?

Voy a contarle lo que me contó un amigo común sobre el estado de cosas que imperaba en los meses anteriores a ese plebiscito. Miles, cientos de miles, se proponían decir "No"; pero debían ocultarlo a riesgo de arruinarse con familia y todo. Miles y miles dijeron "Sí" — aunque querían decir "No" — también por el mismo miedo. Miles y miles vacilaron muertos de miedo entre un "No" militante y un Sí "triunfante". Miles y miles se preguntaron: ¿Me verán en la cara el "No" mis superiores por más que les asegure que votaré "Sí"? Agregue ahora a esta enormidad, una enormidad miles de veces mayor: la que resulta de considerar los millones y millones de veces en que los oprimidos vivieron por todos los años del terror fingiendo un "¡Sí, sí!" en las afueras y tragándose un "¡No, no!" en los adentros. A todo lo cual habría que agregar los millones y millones de veces en que también millones de nuestros compatriotas dijeron sin pensarlo dos veces "¡Sí, sí!"

Por fin llego, me parece, al punto en que puedo contarle sobre la idea que me vino a la cabeza. Me vino no hace mucho, cuando todavía me encontraba de paso en nuestro pobre país y yendo por sus veredas observaba un oculto encono, un hondo descontento en los rostros de mis compatriotas. Y de pronto, pensé en Silvan Tomkins, en que muy bien podríamos hacernos cargo de lo que pasa entre nosotros en términos nucleares. ¿Qué le parece?

Nunca la olvido,

Juan Rivano

Lund, 13 de mayo, 2004.